魯迅的靈言

魯迅的心願
讓中國自由

大川隆法
Ryuho Okawa

台灣幸福科學出版有限公司

前言

今年七月的誕生慶典前後，在我身邊經常出現中國的靈人。這次在我的夢境當中，出現了「魯迅」和「秦始皇」兩位靈人。接著隔天，還收錄了台灣前總統李登輝過世之後的首次發言，我實在是很忙碌。

說起「魯迅」，或許在當今的日本，幾乎沒人清楚他生前的想法。一百年前，作為中國近代文學之父的魯迅寫了眾多作品，最著名的著作就是《阿Q正傳》和《狂人日記》。因為他當時竟用了七十八個筆名來區分作品，所以難以掌握其思想，但那些作品可說是讓中國興起獨立的革命運動。

那般魯迅在看到百年後的中國，對於毛澤東革命的果實和習近平的霸權主義感到憤怒。「讓中國自由」——這是他真實的願望。

二〇二〇年八月十一日

幸福科學集團創立者兼總裁　大川隆法

目錄

3 關於中國的霸權主義　42

4

思考中國思想錯誤的根源　55

5 魯迅對日本和世界的期望 80

4 探索中國靈界的實際狀態

5

秦始皇的思想已來到了極限

靈言現象

所謂「靈言現象」，是指另一個世界的靈魂存在，降下言語的現象。這是發生在高度開悟者身上的特有現象，並有別於「靈媒現象」（即人陷入恍惚狀態、失去了意識，靈魂單方面說話的現象）。當降下外國人靈魂的靈言時，發起靈言現象之人亦可從語言中樞選擇需要的語言，因可用日語來講述。

然而，「靈言」終究只是靈人本身的意見，其內容有時會與幸福科學集團的見解相矛盾，特此注記。

第一篇

中國近代文學之父 魯迅的靈言

二〇二〇年八月一日
收錄於幸福科學特別說法堂

魯迅（一八八一～一九三六年）

中國作家、思想家。出生於浙江紹興。本名周樹人。一九〇二年，留學日本學醫，因深切感受到文學的重要性而中途輟學。返國後，一九一八年發表猛烈批判舊體制下中國的小說《狂人日記》。此後，寫下了代表作《阿Q正傳》等諸多小說、評論，並積極翻譯、介紹外國文學，為中國近代文學開拓一條新路。一九三〇年，參加左翼作家聯盟，對國民黨的進步派鎮壓展現抵抗的態度。

〔兩位提問者，分別以A．B標記〕

〈靈言的收錄背景〉

大川隆法總裁為了調查二〇二〇年八月一日清晨的夢境含意，而招喚了夢境當中的靈人。

1 招喚北京夢境當中的「引導之人」

大川隆法　今天是二〇二〇年八月一日。

今天的夢境，從半夜到清晨這段期間，我作了好幾次去到了中國的夢，印象最深刻的是去了北京的夢。

我住在飯店裡，感覺上像是去觀光，搭乘交通工具稍微觀光了一下，還被帶往百貨公司之類銷售各種商品的地方，我自己也買了東西，整晚一直重複作這種夢。

為我導覽的人應該是一位中國男性。

昨天聽說台灣前總統李登輝先生過世了，我才在想晚上會不會作台灣的夢，沒想到卻是作到了北京的夢，這讓我感到有點不可思議。

此外，在夢境當中我經歷了幾次購物的經驗，當時我心想：「啊啊，原來資本主義的外表，變得是這麼一回事啊！」但另一方面，我在夢境的最後又這麼思考：「沒有觸及到靈界思想、神佛概念的孔子思想，終究還是影響著中國，所以中共不讓人民有著更進一步的思考。就像日本一樣，媒體不談論靈界、宗教，只聚焦在商業、政治。孔子思想應該已讓中國到了極限，中國若不突破孔子的思想，再這樣下去是不行的。」

尤其是孔子的《論語》，其主要記載著和弟子之間的對話，那是一種辯論，是以「被這樣問，就要這麼回話」的方式，進行尖銳的回應。當前的中國外交，就是一直對美國等國家反覆進行著「絕不承認自己的錯誤，而是反過來回擊對方」。我感覺到，孔子思想的極限對於宗教思想的發展等等，已成為一種阻礙。

總之，那夢境給了我這般印象，原本我以為會作關於台灣的夢，卻作了北京方面的夢，並且對孔子的思想開始產生疑問。

因為作了這樣的夢，所以如果有哪一位人士是這個夢中的「引導之人」的話，但願您能告訴我們您的意圖、想法。

（約二十秒鐘的沉默）

2　感嘆於失去自由的中國現狀

出現中華民國時代的作家・魯迅之靈

魯　迅　嗯，我是魯迅。

提問者A　魯迅。

魯　迅　嗯……（嘆氣），這個名字你們應該有聽過吧？

提問者A・B　是。

魯　迅　我想應該有百分之九十九的日本人不知道我是誰。雖然我曾寫過一些東西，但是日本的人們或許不知道我寫了什麼樣的內容。

提問者A　在教科書上有學到。

提問者B　是。

魯　迅　是，我是「當今中國之前的中國」的文化人。

提問者A　您的國籍是「中華民國」。

魯　迅　沒錯，所以，那是當今中國之前的中國，還在思考「該如何打造中國」的時代。從某種意義上來說，當時我覺得自己是「中國的托爾斯泰（Tolstoy）」。

提問者A　的確，您曾經閱讀了俄羅斯的小說，進而受到了影響。

魯　迅　沒錯，所以我現今想在思想上，正確引導當今中國。

「對於當今中國抱持強烈的危機感」

提問者A　魯迅先生您是第一次來到這裡嗎？

魯　迅　應該是第一次吧！因為沒有需求，所以你們未曾呼喚我到這裡過（笑）。

提問者A　沒那回事。

魯　迅　因為我寫的小說，已經是一百多年前的事了。

提問者A　《阿Q正傳》。

魯　迅　對，雖然那本很有名，嗯……。

提問者A　還有《狂人日記》。

魯　迅　不過，我一直有一種自己是「中國的托爾斯泰」的心情。

提問者A　原來如此。

魯　迅　我很想引導現今的中國人，因為人們都被毛澤東思想、淺薄的政治思想給洗腦了，七十年來中國人都被那般思想給禁錮著。中共一直灌輸人們「由於現今已達到物質上的繁榮，所以共產主義是成功的」，並且強迫人們接受如此想法。但即便是物質上的繁榮，實際上也僅有三分之一左右的人享受著，剩下三分之二的中國人根本就摸不著，也就更不用提那些異民族、少數民族了。

所以說，如果共產主義革命是真正理想的烏托邦運動，我是絕對不會加以否定，但實際上根本就不是啊！說的跟做的，根本就不一致啊！共產主義只是為了共產黨一部分的菁英在為政，只創造了他們自己的繁榮啊！

此外，再繼續這樣下去的話，中國會被國際各國所孤立啊！對此，我抱持著強烈的危機感。

中國現況為十四億人都被置於網路警察的監視之下

魯　迅　所以，中國內部必須興起「真正的革命」，在此之前必須先發起「思想革命」。然而，思想革命若是缺少「言論自由」，是行不通的。若無言論自由，就無法自由地演講、自由地出書。在那個大國當中，有那麼龐大的人口，卻無法讓各式各樣的人充分表達自己的意見，隨時都被警察監視著，如此狀態真是令人唏噓。

提問者A　是。

魯　迅　難道十四億人，無法打倒那些政府的少數人嗎？嗯……。

日本的大川隆法先生雖然講述著精確的訊息，但那些訊息無法直接傳達給中國人知悉。

日本媒體也經常報導反日的新聞，盡是一些讓日本政府感到困擾的內容，所以中國人不知道自己應該抱持何種正確之姿，只是一味地接收日本的負面新聞，老是受到「中國終究是勝利者」之反日教育的薰陶。

就如同你們所知的一般，中國現在一直在報導九州的大洪水，但中國長江氾濫，造成大量的人們……。

提問者A　非常多人因此犧牲、受害。

魯　迅　聽說有好幾千萬人，似乎是四千五百萬人正在避難，損失金額高達兩兆日圓以上，但中國媒體卻只是「輕輕地」報導，不讓老百姓知道實情。

提問者A　即使中國媒體還是會報導，但打從一開始就會表明「政府已作好對策，全國民眾可以安心、安全地生活」，接著便草草結束，然後甚至會大肆報導日本九州等地的災情慘狀，新聞焦點反而放在日本。

魯　迅　嗯，不只如此，如果他國電視台報導反中的新聞，就會馬上把螢幕拉黑，不讓其播放。

提問者A　嗯，是啊！

魯　迅　我不是很了解，百年之後的世界，機械工業有了多少的進化，但為什麼能作到那種程度呢？為何無法自由地傳遞資訊呢？

明明網路如此盛行，有那麼多的工具管道，個人的意見能夠透過各種方式加以擴散，但在這個時代當中，為何中國的網路警察會取締人們的發言……。每個人所講的話，都跑到了自己意想不到的地方。像我這樣的人，不管是書寫小說，或者是發表思想，應該都變得非常困難吧！

我想中國當中應該有眾多「隱藏的光明天使」，大家都潛入了地下，既無法發表意見，也無法行動。即便在香港仍有一部分人士持續努力，但實在是看不到未來會變得如何。今年之後會變成怎樣，實在是無法預測。

將「資訊被完全掌控的社會」視為一種「進步」的想法

魯　迅　雖然香港特首林鄭月娥說要延後選舉日程，但這或許是中共認為「等川普的總統大選結束後，也許政權會移交給民主黨。又或者，即便政權沒有交替，假如在美國總統大選期間舉行香港的選舉，美國就無暇介入了」，所以才決定延後選舉的日程吧。

提問者A　原來如此。

魯　迅　疫情對美國選舉也有影響，可是中國老百姓並不知道真相。自從中共今年三月公布的感染者有八萬數千人，死者有四、五千人之後，就再也沒增加過，但怎麼可能有這種事呢？

中國社會受到如此全面的資訊掌控，然而他們卻認為這是一種「進步」。

提問者A　剛才總裁先生也提到，中國有部分民眾能經常出國旅遊，無論是來日本，又或者去美國留學……。

魯　迅　只不過，他們的行動都被全部掌握。那個是叫什麼來著？嗯……那個是叫作「ＡＰＰ」？

提問者Ｂ　您是說智慧型手機？

魯　迅　嗯，他們利用智慧型手機，檢視著每個人的一舉一動。在團體旅遊時，應該還有一名組長，專門掌握每一位團員的行動。

提問者Ａ　難道他們不會感覺到很不自在嗎？

魯　迅　他們已經被馴養成那個樣子了，就只能接受。不僅無法自由地前往國外，有時候就連對話內容也都會全部被竊聽。

當今中國需要「瓦解官僚體制的思想」

提問者Ａ　總裁先生在夢境當中，感覺到儒教的教義被惡用了……。

魯　迅　我想應該是「儒教中非宗教的部分」被惡用了……。

孔子講述的雖然是「烏托邦論」，但他在現實政治世界中所講述的烏托邦論沒有被採用，所以他沒有獲得世間的成功。但在那之後千年以來的統治者，將其理論用在錄用官吏的科舉制度上。

他的理論造就了所謂的「官僚體制」，在日本也有如此制度，而其中其實存在著「社會主義的想法」。

由在位的「上頭」進行統治，這就是所謂的菁英思想。只不過那般菁英被「共產黨」給取代了，這也就是「不是共產黨者就不是人」的緣由所在。

產生官僚體制的系統就是科舉制度，由於科舉之下有著以《論語》為首的孔子思想，所以實際上科舉制度可以創造出不受撼動「統治與秩序」，並且透過考試錄用官吏時，若是人們不將「位於政治中樞之人的想法」作為正解回答的話，就無法爬到上位。

這就等於日本的教育部，從大學設立的許可到大學的排名，全都一手掌控的道理是一樣的。

提問者A　的確，「上頭」決定了一切。

魯　迅　這實在是讓人難以應付，所以現今中國需要「瓦解官僚體制的思想」。

對他們而言，所謂的「自由」，就等於是「三峽大壩的潰堤」。他們認為自由就是那麼一回事吧！河川氾濫，水庫無法再承受大水，進而洪水淹過了農田，稻麥全都泡湯，「這應該就是自由吧」！

他們把「自由」理解為「氾濫」，就像大水氾濫一樣。

所以，當今中國真的必須要出現偉大的思想家才行，但沒有人敢出頭，因為一旦想要出頭，就會被逮捕。完全是一個專制獨裁國家，當獨裁者掌權時，必定會去鎮壓異端、反對的思想。

「中華帝國思想」無法讓中國近代化

魯　迅　美國正大肆批判當今中國，雖然川普看起來像是一個講話非常獨斷之人，但反對川普的聲浪非常地強烈，他必須要奮力地划過那些聲浪才行。

提問者A 而且反對川普的CNN的人們，也不會遭到逮捕。

魯　迅 的確不會被逮捕，那些沒有要參選的人們拚命地批判總統，又慫動他人搞內部告發，「看看你這樣還能連任嗎」，觀看如此情形，真是覺得那是非常嚴酷的制度啊！

如果歷代的中國統治者們，被那樣自由地報導的話，一定會全部都中途下台吧！我看不僅是下台，還有可能會被暗殺吧！

所以，假如統治失敗的話就會遭到暗殺，應該就會變成那般歷史吧！

然而，現今中國沒有作到「透過自由的言論，以民主的方式選舉，決定國家的未來」，所以在全人代上，盡是「全部一致通過」，反對的人在那之後就會「被消失」。

提問者B　看來，在中國歷史上，缺乏關於自由的思想……。

魯　迅　不容易啊！長久以來「中華帝國思想」一直跋扈囂張。但終究必須要去思索，對應近代、現代的方法啊！日本已經成功地「脫亞入歐」，中國也必須要具體思索如何才能突破現況啊！

的確中國在過去各種時代中，曾經是歐美的殖民地、日本的殖民地，而後化悲憤為力量，邁向了獨立。然而，那終究是基於「反對白人殖民地統治」、「明明都是黃種人，反對日本人的優越主義」的情緒，創造出敵人，持續加以批判，正當化自己的作為。

但是，都已經過了七十年了，我認為日本已經沒有責任了。作為中國人自己的問題，「在自己內部當中，應該存在著腐敗之物吧」！不僅高層腐敗，還把那鄉巴佬的毛澤東，像神一樣地崇拜，剝奪了人們思想的自由。

並且，雖然中共認同了經濟上的繁榮，但仍舊無法躋身於歐美各國當中。即便中國人會去美國留學、就業，但幾乎都是「間諜」，竊取企業的機密。不用自己所學的去思索，盡是到美國的大學、企業盜取技術。

從國家的大小規模來看，這完全不應該是以成為世界頂尖國家、霸權國家應該作的事。在某種意義上來說，中國和北韓沒有什麼不同。

民運人士必須潛入地下的恐怖社會

提問者B　在逐漸近代化的過程中，相信您見識到當時日本和中國的作法。

魯　迅　是。

提問者B　現階段的日本還沒有美國那麼自由，「政府的意向」仍左右了民間的思維，但比起中國，日本還是一個很自由的國家。變化至如此程度的日本，和中國相比，您認為有哪裡不同呢？

魯　迅　國際上有許多比較性的指標，我想兩國都各有不同的評價。

現實上，日本能夠自由地出書，雖然多少也有限制，基本上廣告也是自由的。就連日本的國營電視台NHK，都可以正大光明地批判現任政權、政策。「反日」的日本共產黨，也能自由地發表意見。

問題就在於，像是幸福科學這般的宗教政黨、宗教所發表的意見，主流的電視台或報社不會加以報導。如果是宣傳、廣告之類的，報紙會加以刊登，書籍的廣告也會刊登。但如果是批評國政的意見、言論，除了體育報紙之外，其他報紙一律不會刊登。換成是電視廣告的話，規定就更是嚴格，沒有那麼容易就願意播放。若是政治性的廣告，就更是有一道無法跨越的高牆。

我知道日本報導協會規定「協助宗教是違反了媒體倫理」，在這一點上，日本跟中國有著相似之處。

但即便如此，日本還沒有到「必須潛到地下活動」的地步。

提問者A　原來如此。

魯　迅　在日本，人們不會因為表述意見、批評首相、天皇，而被警察逮捕。但若是在泰國，就會遭到逮捕。

在當今中國，即便有十四億人口，如果有人批判習近平，我想一下子就會被帶走。

現在，香港的人們擔心的是，推動民主運動的人們，會被帶到維吾爾、西藏那樣的自治區，若是被關在那裡的強制收容所的話，就真的是前途未卜了。

在那裡既無法發布消息，也接收不到外界的資訊，完全處於與世隔絕的狀態。這是香港人最擔心的事，如果被移送到中國國內的話，自己身處哪裡就變得完全不知道了。

在如此資訊設備發達的時代，竟然還能作到這種程度，竟然存在著這種國家，真的是令人感到畏懼。

3 關於中國的霸權主義

美國力量一旦變弱，中國就會占領東南亞

提問者A　日本和德國在戰後數十年來，仍不斷被譴責，世界不斷地批判「法西斯主義」、「納粹主義」，但另一方面，中國若無其事地建立那般體制，即便世界各國對此知悉卻束手無策，這種結構真的令人感到不可思議。

魯　迅　現在中國拚命地吹噓膨脹自己，試圖讓全世界認為「若是沒有中國的

力量，世界將無以維持貿易、經濟」，並且藉此引誘開發中國家。日本在戰後被稱為「經濟一流、政治三流」，特別是輕忽在軍事領域上的發展，形成了一個「空隙」。「只要把經濟搞好就好」，這和中國所作的一樣。

只不過，中國製造了一大堆的核子武器，甚至打造了連人民都可以殺死的國家體制……。這讓鄰近的日本、菲律賓、越南感到顫抖，一旦中國認為「美國變弱了」，就會一口氣占領這些國家。如果無法加以防範的話，就真的是太遺憾了。

「病毒戰爭」的目的，在於重創美國經濟，使川普落選

魯　迅　此外，我想美國已經十分明白，這次「源自中國的新冠病毒」，其主

要目的就是針對美國的經濟，從結果來看已十分明確。

提問者A　是。

魯　迅　發動這場「病毒戰爭」的目的，就是為了重創美國經濟，並且讓川普落選，如此意圖十分明顯。

估計今年美國的GDP會衰退三十三個百分點，據說就連歐洲一整年下來，或許也會衰退將近四十個百分點。

這應該算是一種「恐慌」。假如造成三分之一以上的人口失業，幾乎所有的公司都會出現赤字，甚至是破產，如此一來整個社會就會陷入恐慌。

使美國的經濟力下滑，趁此之際中國再進行大外宣，「中國沒有受到疫情多大影響，所以中國是最先進國家，大家都要向中國學習」，就是有人會如此狡猾地盤算著。「中國已經控制著疫情，經濟也步入軌道，從負成長中恢復到正成長」，中國想藉由如此大外宣手法，一口氣奪取霸權。

所以，現在正是要「努力克服困境」的時候。

光是中國就已經夠不幸了，從占了世界五分之一人口的地方，還想讓病毒廣佈全世界，讓我感覺到「根本就不需要聯合國了」，中國真的試圖想要支配全世界。

此外，只要有電子機器，就可透過ＡＩ來支配其他國家，現在已經是這樣的時代。

如果能把美國擊潰，讓歐洲弱化，再壓制日本，「中國支配全世界」的劇本就完成了。

共產主義的「暴力革命」和「肅清」的想法有誤

提問者A　根據簡易的資料得知，當時您強力批判了國民黨的獨裁體制，後來被中國共產黨、毛澤東利用您的功績，推動了革命。對此，請問您有何想法？

魯　迅　當時的共產黨非常地弱勢啊！非常非常地弱，國民黨還比較強勢啊！哎……（嘆氣），當時的局勢有各種可能性。不過，那是指導者的問題吧！我也沒想到毛澤東會變成那樣。

提問者A　原來如此。

魯　迅　真是沒想到建國之後，就侵略鄰國，想要將其化為殖民地。當時他們的政治宣傳算是成功了。

不過，那個時候，還是國民黨比較強。

後來，嗯……，國民黨也變得仇日，「國共合作」興起趕走日本人的運動，並成功拉攏美國，讓美國去攻打日本軍，最後無需靠自己的力量就獨立了。

現在回想起來，如果當時中國也像台灣一樣的話，被日本統治也蠻好的（苦笑）。

提問者A　當時，國民黨和日本政府之間應該有著各種往來，日本政府向國民黨提出的意見您也曾加以批判，您認為當時的中國應該以何為目標才好呢？

魯迅　嗯……，在兩千五百年前，中國有著「思想的自由」，諸子百家齊放，這可說是中國文明的優異之處。而在現代「也應該輩出各種思想家，自由地進行議論，讓中國能躋身於先進國家的行列之中」，這是我當時的想法。

那時，日本開始侵略中國，所以心情可沒有那麼好。但是……，結果比起靠近台灣，中國變得更像是北韓那樣子的國家。

此外，在「日中恢復邦交」、「美中恢復邦交」之後，藉由讓中國變得豐盈，人民水準提升、知識階層也增加，原本以為他們會讓中國變得民主化，結果卻沒有變成那樣。

現在中國完全變成獨裁體制，變成「完成版的法西斯主義」、納粹主義，異議人士全都會被逮捕，關在強制收容所，或者是直接被殺害。

終究共產主義的發想當中，存在著「暴力革命」、「反抗者可加以肅清」的想法，這和過去俄國的作法都一樣啊！終究中國必須對錯誤的地方，好好地進行反省才行。

中國試圖將亞洲到澳洲一帶納入統治範圍

提問者A　此外，還有達爾文、尼采……。

魯　迅　啊啊，就時代來說，中共跟這些人蠻接近的。

提問者A　因為時代很接近，所以中國人似乎受到了影響。尼采的英雄思想、達爾文的進化論，中國人應該是受到了這些思想的啟發。從現在來看，對於……。

魯迅　嗯，尼采……。或許希特勒受到了尼采的超人思想影響，他覺得自己就是那個超人、「超人力霸王」吧！他覺得是自己讓國民從第一次世界大戰的敗北當中重新振作起來，自己就是讓德國成為歐洲霸主的「超人」，並且在那段成功的期間，也得到了人們的掌聲。

當時德國的經濟，的確急速地恢復。德國因第一次大戰的莫大賠償重新站起，就和現今中國共產黨說著「中國在經濟上成功了」一樣。雖然有眾多反對的思想，但經濟上的成功卻變得像是金科玉律一樣，進而支持著希特勒的地位。如果那僅止於重建了國家，還另當別論，若是侵略其他國家的話，就太不像話了。

現今中國確實開始侵略其他國家，他們從弱小國家開始攻擊。他們既覬覦西藏隔壁的不丹，也覬覦尼泊爾，在與印度進行霸權戰爭之前，還想壓制印度。對於菲律賓附近海域，亦是虎視眈眈。

提問者A 原來如此。

魯　迅 因為那裡有豐富的漁業資源和海底油田。所以，中國想將「亞洲的海洋」全都變成「中國的海域」。藉由壓制菲律賓、越南、日本等國，以完全掌控海權。

下一步大概會鎖定澳洲吧？他們想將美國霸權逼退至澳洲，甚至還想讓澳洲變成「朝貢國」。因為那裡有豐富的鐵礦石、煤炭等資源，所以中國想把澳洲全都納入自己的統治之下。

當今中國正打算奪取部分歐洲和中東的石油

提問者A 那種想法到底是從……。中國想要謀取的霸權，怎麼會那麼誇張呢？

魯　迅　終究中國為了消弭內部的不滿……。

提問者A　以至於對外才會……。

魯　迅　對，沒錯。向人民發表對外的成果時，大家就會閉上嘴巴。

提問者A　原來如此。

魯　迅　過去日本說著「日本軍勝利了」的時候，人民都是列隊歡迎的。不管是日清、日俄戰爭都打勝仗，大東亞戰爭開始時，一開始也是取勝的，以很快的速度，讓許多國家陷落。

中國應該是想要模仿當時的日本吧！他們想要以電擊戰，一口氣拿下鄰近國家。

不僅如此，現今中國還想要超越「歷史上最大的中國版圖」。此外，他們還想染指歐洲。「即便無法拿下全歐洲，至少先拿下弱小的國家」他們正作如此打算。當然，中東的油田也在他們的計畫當中。

這就是中國十四億人口變成二十億人口的條件。

此外，對他們來說，亞洲的各國人民就好比羅馬時代將非洲人當作奴隸階級，讓他們成為最底部的經濟層，中國人就站在上方，享受上層的經濟繁榮。我想他們正打算讓「劣等的亞洲人們」於底層工作。

提問者A　原來如此。

魯　迅　雖然現在和羅馬時代相距甚遠，但他們正打算那麼作。

他們想要利用現代的ＡＩ或監視系統，讓日本成為「中國的一個研究所」。

4 思考中國思想錯誤的根源

未論及神佛的《論語》的問題

提問者A 在夢境的最後，總裁先生認為「終究儒教思想似乎也有問題」。

魯　迅 的確是那樣。

現今中國的唯物論、無神論勢力凌駕政治，雖然在憲法上有「信教的自由」，官方承認五個左右的宗教存在，但那僅是形式上的承認，現實當中沒有「信教的自由」。登錄於每個宗教的人士，其活動完全被掌握、窺視，這也使得宗教無法「洗腦」那些在中共中樞之人。

如果《論語》當中，孔子曾提及「人要相信神」的話⋯⋯。但孔子當時說的是「子不語怪力亂神」、「那種妖怪、幽靈、靈魂、轉生輪迴的事情，都與我無關」。現今中國惡用了近代歐洲康德的觀念論哲學，說著「這是一個不需要神的世界」、「這是一個用理性即可支配的世界」。

在歐美，基督教也變成僅限於個人、家人的信仰，在外在的世界中、學問的世界中，人們避免將基督教拿到檯面上討論，自己各自在教會信仰就好。

《論語》當中沒有敘述「神」、「佛」的內容，而孔子本身當時其實並非是成功人士，所以作為中共的「傀儡」來說很好使用。

《狂人日記》的「狂人」是「自由人」之意

提問者A　方才聽到總裁先生在開頭提及的夢境，我就在想「到底是哪位人士會給總裁先生那種感覺」。

從我手上簡單的資料中得知，一九一八年的雜誌《新青年》，刊載了您的小說《狂人日記》。當時有人評論了您的那部小說，內容說道：「魯迅在那部小說中提到，儒教表面上講著禮教，但儒教其實是抑制著人命，是會吃人的。魯迅應該是希望人能成為真實之人吧！」

魯　迅　「狂人」兩字聽起來不是很好聽，但所謂「狂人」，其實指的是「自由人」。

也就是能夠自由發想、行動之人。若是用現代的話來說，或許可以用

「創業家」來形容，創立新的企業，而非任職於國營企業。雖然有人認為，人就是要在國營企業上班，或者是農業就是要靠農會那樣的人民公社統一分配銷售。但所謂的「狂人」並不是做那般思考，而是自由地創立企業、自由地興辦農業、自由地出版書籍。

提問者A　原來如此。

魯　迅　中國需要這樣的思想。

留下「負面遺產」的尼采、達爾文的思想

魯　迅　剛才提過了尼采還有達爾文，關於達爾文，其實我當時曾感受到他的

思想的可能性。

人們僅強調了達爾文所說的「這世界不需要神」之唯物論的論調，但是達爾文本身的確有講述過「對於神的信仰」。明明他曾說過「應該是神創造、計畫了進化論」，但人們卻忽略這說法，反倒讓「透過競爭，適者生存」的說法大為流行。

在某種意義上，若是從善意解釋，那說法其實就是自由主義的市場經濟。

提問者A　原來如此。

魯　迅　好的留存下來，壞的消失不見。然而，在現今共產黨的一黨專制之下，不會發生那種淘汰現象，只有反亂的、反抗的人會被消失。

所以，中共看待現今香港想要創造自由的民主主義政治，那就像是梁山泊的《水滸傳》一樣，一群犯罪人士老是用著功夫、槍、劍、弓，不安分地想要推翻政府。中國現今正試圖收編他們，加入政府軍，使其與敵人作戰。

也就是說，他們試圖將原本向北京掀起挑戰的香港，轉變成對抗台灣。

提問者A　在「秩序」之名下，社會僅追求國家的安定、體制的安定，在那些人眼中，追求「自由」的人們，都會被當作是「狂人」。

魯　迅　所以，為了破壞那般專制獨裁體制，尼采的「超人思想」或「達爾文的進化論」，若是運用妥當，就確實有可用之處。終究那些理論的

「負面遺產」的影響力變得太強，不僅是日本，就連美國也受到了相當程度的影響。

自然科學家們，變得會批判宗教，甚至是變得不相信宗教。

從明治時代開始，日本「批判宗教的勢力」就變得相當強，人們試著從外在的世界中，讓宗教消失。但是，在那個時候天皇的地位還很受重視。

所以，無論是習近平或毛澤東，我想他們都有著「自己也想要成為天皇」的心情吧！

提問者A　您是指，握有實權的「作為元首的天皇」吧？

魯　迅　沒錯、沒錯。

毛澤東根本就不懂「經濟」，他只懂「農業」，完全不知農業以外的經濟，不知工業、商業，進而嘗到了失敗。不僅「大躍進政策」失敗，「文化大革命」時，包含他妻子的四人幫，也批鬥知識分子，人們四處逃竄。那真的像是柬埔寨的波布一樣啊！

提問者A　是啊！

魯　迅　波布當時不是也殺害了知識分子嗎？

提問者A　是。

魯　迅　當時波布殺害了曾去留學、上過大學、知識分子等兩百萬人，那些人全都變成了骷髏。中國的文化大革命就和那個一樣，「把異議人士全都給殺了，留下會納稅的農民就好了」。當時中共要求人們只要知道「毛澤東思想」就好了，其他學問都不用。

中國的瓦解需要「外部壓力」和「內部的反抗勢力」

提問者A 十幾年前，總裁先生即對中國的體制敲響了警鐘。相信您的終身志業，即是要對抗極權主義，但此次您前來此處的目的是？

魯迅 觀看現今香港的局勢，若是不結合「外部壓力」及「來自內部的反抗勢力」，想要讓中國的獨裁體制瓦解，終究非常地困難。

如果是一般的民主主義國家，遭逢了長江氾濫，四千五百萬人必須避難，並且出現了幾兆日元的損失，還有蝗害等等，這在經濟上一定會有重大的打擊。然而，中共一直不斷發表虛假的數字，除非有誰能讓中國嘗到挫敗，不然實在是拿他們沒辦法。

原本是希望美國能教訓中國啊！

中國讓美國弱化的那般行徑，我認為很卑鄙。他們老是說著「是因為自然發生的病毒廣佈至全世界，所以才會變成這樣」、「也有源自美國的病毒、歐洲的病毒、日本的病毒」，一直在打迷糊仗，他們的嘴上功夫實在一流。

這很明確是「病毒戰爭」啊！美國是被中國先擺了一道啊！

我想川普應該已經有所察覺，在現今不斷被扯後腿的政治體制中，中共一定施加了非常大的壓力。中國正陷入苦境是事實，即便如此，中國仍一副夜郎自大的態度，終究我希望美國能夠徹底摧毀北韓、中國的體制。

若是有「資訊的自由」、「報導的自由」，一下子就會興起革命

魯　迅　雖然妳剛剛說我過去曾批判國民黨，立場有點偏共產黨，但我也是文學家，我希望能有一個「可以自由寫下文字的世界」。

提問者A　的確，文學、繪畫、藝術、電影等作品，總是會對於被壓抑的自由世界、無法自由表達意見的世界表達反抗。

魯　迅　是啊！

現今中國如果允許日本的書籍、電影、電視節目全部都能登陸的話，中國就會有大幅度的改變，北韓也是相同的道理。

韓國直到現在也還是管制日本的文化進入國內，那是因為不可以讓人們對日本有好感，如此態度從以前到現在都一樣。不讓人們對日本有好感，老是播放負面的新聞、反日的內容，總之就是要讓人們認為「日本人都是壞人」。

只要出現自己必須負責的事態，就完全迴避不報導，終究中國沒有「資訊的自由」、「報導的自由」、「公開的自由」是不行的。

如果大川隆法先生出版的所有書籍，能在中國的書店販售、能被中國人閱讀的話，北京不出一會兒就會改變了。真的不出一年就會改變，一定會發生革命，人們必定會發現「原來至今為止，我們是活在如此錯誤的世界啊」！

明明有那麼多人留學美國、歐洲，在中國卻完全噤聲。那是因為，如果發表意見就會被逮捕。還能讓這樣的強權政治持續下去嗎！他們以為自己有召開全人代，就表示有實行民主主義，但出席的全都投「贊成票」啊！根本就沒有召開會議的意義，只是讓上位者發布命令啊！

中國表面上是「法治國家」，實際上是「人治國家」

想去日本留學的人，因為「政治」很敏感，所以中共會勸告人們「去學經濟、經營是可以，但不要去法律系」。

中國在表面上是「法治國家」，實際上卻是「人治國家」，中共會刻意地因人制定法律。

泰國也是一樣。若是出現了對國王不利的人，就會專門制定法律，甚至修改憲法。

此外，緬甸也是一樣。譬如緬甸曾制定法律「若是和外國人結婚，或者是和外國人之間有孩子的話，就無法成為總理」。

提問者A　那應該是當時為翁山蘇姬量身打造的法律。

魯　迅　那種專門對付翁山蘇姬的憲法，竟然就那樣堂而皇之地制定。「曾和外國人結婚就無法成為總理」，真的是令人驚訝。

這根本不算是「法治主義」，那只是為了方便自己的「人治」，制定了一堆罰則而已。

被中國削弱經濟力量，奪走工作機會的日本

魯　迅　現今中國就只有對「經濟成長」抱持著信仰。在日本的經濟高度成長期時，日本人也覺得「把政治先放在一邊」、「正是因為把軍事放在一邊，專心搞經濟，所以才能發展到這種程度」，如此「神話」大為廣佈。我想中國也是想仿效日本吧。

善意的日本企業家們，到中國設廠，聘僱了眾多勞工，為中國做了重大貢獻。也因此，中國的道路上開始出現汽車。在那之前，中國人外出都是靠腳踏車。天安門事件時，鏡頭當中的北京，人們都是騎著腳踏車。通勤、通學都是騎腳踏車，路上都是腳踏車。然而，一下子就被戰車輾過去了。

到了現在，路上全都是汽車，豐田也在中國設了廠。現在反而完全無

法撤廠，因為一旦撤廠，或許就會被中國沒收，變得完全無法逃離中國。

提問者A　是啊！

魯　迅　此外，松下集團還有索尼等日本企業也進到了中國，但結果反而是弱化了日本經濟，讓日本沒工作可做。一開始雖然他們心想「只要借助中國的勞動力就好」，可是後來關鍵技術卻逐漸被一一竊取，被中國人搶過去自己做。

我想再過不久，全部都會被「端走」。一開始僅是拿回股利就好，但漸漸地就把整個資產席捲而去。

正因為如此，美國不會把航空技術全都傳授給日本。因為只要給了日本，日本企業去到中國，就會被中國奪取。

中國的工業發展僅是「海市蜃樓」

或許「第二次世界大戰」應該重新來過。當時美國空襲日本，丟下原子彈擊倒了日本，解放了中國國民。但如今中國變成了美國的敵人，並試圖擊潰美國，甚至想讓亞洲變為殖民地。這實在是必須加以阻止才行，得先從「思想的層次」著手才行，如果沒有給予「思考的材料」的話，還真的是拿他們沒轍。

真的希望你們能推倒那強權政治。

盡是發展著工業、興建大樓、高塔、公司，讓外界以為好像賺了很多錢，但是希望人們知道那些都是「海市蜃樓」啊！

中國完全不讓知識分子思考賺錢以外的事情啊！底層的人們還是一樣貧窮啊！一個月就靠一千多塊人民幣的收入過活啊！有一大堆人還是住在沒電力的村子裡，無法買電器用品，這和北韓沒什麼兩樣啊！

提問者A　是啊！

魯　迅　真的是這樣，所以「共產主義」根本就是謊言啊！應該把在大都市賺大錢的人們所繳納的稅金，好好地用在那些貧苦人們的地方啊！

提問者A　是啊！如果真的是共產主義的話，就應該要加以分配才行啊！

魯　迅　一定得加以分配才行。

然而，中國總是軍事優先，把錢都花在武器開發上，甚至是花在人工衛星、太空事物上。那些都是為了戰爭而用的啊！中國會將其用來威脅鄰近的國家。

希望由日本主導亞洲共榮圈

魯　迅　不管怎麼說，再繼續這樣下去的話，發生戰爭的可能性是很高的。所以必須盡可能縮小戰爭規模、減少傷害，使其以和平的方式結束。必須好好運用現今在中國相互呼應的勢力才行。畢竟在世界各國注目的情況下，中國竟大刺刺地那樣對待香港，真的太要不得了。

在香港開出版社的人，到了中國內地就突然被綁架逮捕，行蹤不明，這種事真的不可以讓它再發生了。

台灣應該也正感覺到害怕吧，他們正害怕著「一旦動武，一週之內應該就會被拿下吧」。台灣正盼望著日本能和亞洲各國聯手，再一次打造亞洲共榮圈啊！藉由日本和台灣、越南、菲律賓等國建立共同防衛圈，防堵中國的侵略，我想台灣正如此期盼著。

然而，日本現在還在以國民、媒體的意見為中心，說著「不可以再讓軍國主義復活」，老是進行謝罪外交，這實在是太遺憾了。

我之所以會出現在這裡，是因為觀察了至今的局勢，發現「若是幸福科學不再多努力的話，我們的未來就不保了」。

中國從天安門事件中得知「只要做好資訊管制，政府就不會垮台」

提問者B 天安門事件，可以說是讓中國民主化運動風潮推到高處的事件之一，並且實際上中共政權當時也真的快被擊潰了。就您從靈界觀察，當時的運動有何不足之處呢？

魯　迅 當時國際社會沒有得到充分的資訊，直到現在仍是如此。現在仍舊不知道到底有多少人被殺害，因為當時的影像全都被銷毀了。但打從那個時候開始，中國知道了「只要做好資訊管制，政府就不會垮台」。

提問者B 啊……。

魯　迅　只要不讓人們知道訊息就沒問題了，就好比現在「在武漢爆發了病毒感染」，媒體完全沒有辦法進去採訪吧？

提問者B　是。

魯　迅　中國真的是在天安門事件的時候，學到了「只要把資訊管制好，政府就不會垮台」。此外，在當時天安門事件發生後，日本應該要停止對中國的經濟援助啊！

然而，當時的日本天皇訪問中國，推動了日本對中國的經濟貿易和工廠的進出，如此一來就等於是「原諒」了中國在天安門的所作所為。當時的天皇去了中國，真的就有那種意涵。其實今年習近平原本預計會被奉為日本國賓與天皇會面，這又等於再一次給中國一張「免罪符」。

日本和中國緊密地聯手，對亞洲的其他國家來說是一件「絕望」之事，這也意味著香港、台灣、菲律賓、越南都會被中國拿下的意思。所以阻止這樣的情況發生，我認為是非常重要的事。啊……中國真的是一個很壞的國家啊！「人的惡念」、「人所能夠想出的邪惡之事」，中國都將其膨脹到最大了極限啊！

唯有「神的觀點」才能瓦解日本「錯誤的價值基準」

提問者A　的確，中國真的是很會狡辯。

魯　迅　作為人來說，真的是很羞恥的事。

提問者A　是啊！

魯　迅　假如說中國還遺留著佛教教義的話，好比「反省的思想」，應該就會有點不一樣了。如果沒有「反省的思想」的話，就必須要從「相反的立場」，用言論加以攻擊才行。

此外，「反政府的報紙或電視台」也應該要存在才行。

真的是難以原諒啊！

日本的媒體也是必須經過政府許可才能設立，所以各媒體對於政府都有著「畏懼」的一面，但如果日本完全降服於中國的話，日本也有可能會變成像是那樣的國家。

現今日本幾乎沒有辦法說中國、韓國、北韓的壞話，一旦說出那樣的話，就會有許多媒體斷定那是憎恨式的發言。

但是，在那些被斷定為「憎恨式的發言」當中，其實有時是「正確的言論」。

我認為日本的價值基準終究有所錯誤。唯有「神的觀點」、「天上界的觀點」，才能瓦解如此錯誤的基準。

5 魯迅對日本和世界的期望

魯迅在天上界從事著何種工作？

提問者A　請問魯迅先生在天上界從事著什麼工作呢？

魯　迅　嗯……，我剛剛說自己是「中國的托爾斯泰」。

當時我的周遭的確有著幾位有力人士，但是能在世間倖存下來的人，也是最容易被惡魔利用的人。這個世界只有殘忍、殘酷的人才會贏，要花招的……。

提問者A 在九次元當中存在著各種神明，請問魯迅先生是接受著哪方面的指導，或者是隸屬於哪個靈團呢？

魯　迅 你們可能比較不熟悉最近的中國靈界。這個嘛，若以想法相近的人來說，嗯……。比方說，我和美國黑人解放運動的馬丁．路德．金恩等人比較接近。

提問者A 原來如此。這麼說來，您是屬於耶穌體系嗎？

魯　迅 嗯……，有一部分，但並非僅是如此。

提問者A 托爾斯泰也是屬於耶穌體系。

魯　迅　嗯……。

提問者B　您的工作與「正義」……。

魯　迅　嗯？

提問者B　您的工作與實現「正義」有關嗎？

魯　迅　嗯……，我要拿誰為例子，你們才比較容易理解呢？嗯……。

提問者A　您是說您的靈魂兄弟姐妹嗎……。

魯　迅　雖然我不是很清楚妳指的是什麼，但我本來想留下的作品並不是只有那樣，而是在現代留下足以重述孔子思想的著作。可能我沒有那麼偉大，但我和幸田露伴有著深厚的交情。

提問者Ａ　原來如此。

魯　迅　此外，嗯……我也喜歡宮澤賢治。

提問者Ａ　有哪位人士會給予您指導呢？

魯　迅　當今中國真的是非常貧瘠啊！現今中國正接受著來自邪惡的地獄界，或許還有地獄界以外世界的惡性指導，整個中國的靈界都佈滿了厚重雲霧。

提問者A　換句話說，每個國家都有各自的靈界？

魯　迅　是啊！每個國家都有靈界。

提問者A　也就是說，姑且也有著「中國靈界」？

魯　迅　是，「中國靈界」姑且是有的。

我真的希望現今中國能出現更強而有力的「言論」、「文章」。其實我正援助著你們所不知道的中國地下言論人士。

此外，我還援助著逃往日本、取得日本國籍的中國人士。

提問者A　這樣啊！

幫助中國發展經濟、摧毀日本的美國的罪業很大

魯　迅　然而，這樣下去不行啊！

尤其是只要中國有著強大的軍事力，若美國不安定的話，世界就無法安定，更遑論日本能夠安定。

提問者A　為什麼人們就是無法察覺呢？

魯　迅　原因應該是，即使有所察覺，也打不過中國。

提問者A　啊……。

魯　迅　就算警察或軍隊多麼強大，如果政府完全一手掌握的話，即便軍隊興起叛亂，也會像日本的五一五事件或二二六事件那樣，最後以「反叛罪」告終。

本來在政權交替的時候，軍方應該有所作為，但如果興起叛亂的人也是一個壞份子的話，那可真是吃不消啊！發起叛亂的軍人，有可能會成為之後的獨裁者，對此不可不留意。

提問者A　過去日本的政治家，即便回到了天上界，或許他們多少也被要求要進行反省吧？

魯　迅　我想應該是吧！

提問者A　即使他們是有名之人。

魯　迅　美國真的是應該好好反省啊！在第二次世界大戰中，對於日本那樣的極端偏見，真的得好好反省。

此外，季辛吉推動了美國與中國的建交，又把日本牽扯進來。特別是發生了天安門事件之後，美國認同中國的鄧小平路線，天真地以為「只要經濟有所發展，就能有助於中國的民主化」，援助中國的經濟，讓中國壯大了起來，並試圖藉此牽制日本。此外還刻意讓日圓升值，不利於日本經濟，讓中國在經濟競爭當中取勝。

換句話說，為了不讓日本成為美國的競爭對手，進而透過中國擊潰日本。

提問者A　真不知柯林頓前總統能否回到天國啊！

魯　迅　真的是不知道啊！

提問者A　罪業實在有點大啊！

現今對於川普總統及日本的期待

魯　迅　距離美國總統選舉僅剩九十天左右，真的不知川普能夠連任的可能性有多少。現今媒體對於拜登給予很大的好評，所以，嗯……。

提問者A　就您來看，如果拜登成為總統的話……。

魯　迅　那就意味著中國的「勝利」啊！中國就會更加推動現在獨裁體制啊！我可是希望川普朝北京發射導彈。不做到如此程度，終究中國是無法認識到「國際社會都認為中國是一個惡劣的國家」。

提問者A　真的是無法認識啊！

魯　迅　中共什麼壞事都不給報導啊！可是就算無法登上媒體，若是「北京被導彈襲擊了」的話，國民應該就會知道，屆時人們就會想「是不是大事不妙了」。
所以，在香港被完全摧毀之前，真的是希望美國可以採取某些行動，也希望日本能更提升自衛的手段。日本僅是去迎擊從中國打過來的飛彈是不行的！日本得好好地建立「善惡的價值基準才行」。

提問者A　日本真的是沒有評價善惡的基準啊！

魯　迅　日本一心只想著從中國那裡得到利益。

提問者A　沒錯。善惡的價值觀、正義感真的是非常淡薄。

魯　迅　畢竟日本認為人口眾多的地方就有市場吧！然而，一旦被邪惡勢力吸收的話，那就麻煩了。

提問者A　但是，對此無法有所知悉，那就代表認識力很低落。

魯　迅　沒錯。

提問者A　換言之，日本人只認識到那種程度的中國是自己的生存圈，完全沒有看到更大範疇的世界。

魯　迅　沒錯沒錯。

提問者A　日本的認識力真的還是非常低落啊！

魯　迅　美國媒體對於川普仍大加撻伐，最初日本的報導方式也完全是那種論調。但是幸福科學對於川普的聲援運動相當奏效，現今日本的媒體對於川普就變得沒有那麼反對，僅是稍微地加以批判。

不過，一旦嗅到戰爭的氛圍，朝日新聞報應該就又會轉變到相反的立場。我認為腳踏兩條船是行不通的，一方面支持香港的人權，一方面又反對向中國北京施加壓力，這種兩面討好的論調是不行的。

所以，日本真的是無法分辨善惡啊！其實如果香港人的人權被侵害的話，那麼中國本土之中的人權應該也是被大幅侵害，只不過沒有報導，不為外人所知而已。

不可屈服於那監視、竊聽國民的專制國家

提問者A　現今在中國的網路，無法搜尋「小熊維尼※」的關鍵字。

魯　迅　所以啊，不可以認為習近平的腦袋和歐美的知識分子一樣啊！他的頭腦完全是處於落後的狀態啊！他現在打算成為「毛澤東的繼任者」，他的認識力真的已經到了極限。

提問者A　毛澤東只是一個「普通的大叔」啊！

魯　迅　沒錯，他跟毛澤東一樣，都只知道農業啊！

提問者A　被這樣的人掌握權力就是個問題，認識力實在太低了。

※「小熊維尼」 因為中國國家主席習近平的體型與小熊維尼相似，所以才有如此稱號，被用來暗示象徵該人的符號表現，在中國的網路上，中國當局將這個問題當成檢查的目標。

魯迅　沒錯，那就是官僚制的最後的問題。不了解狀況，也不了解經濟的官僚，站在上位掌握權力，就會變成這種模樣。

此外，雖然現在正是必須要推動「自由的經濟」、「自由的政治」、「自由的文學」，但現今無論興起何種運動，都會被完全摧毀。每個人的生活，全部都被中共掌控，真的是太恐怖了。

所以，現在美國、歐洲都在抵制中國製的智慧型手機，我想日本不久之後也會開始這麼做，想必世界各國也得這麼做。

那些手機絕對有著「監視功能」、「竊聽功能」，絕對不可以進口那種產品。每個人的日常生活習慣、使用金錢的方法等等，全都會被掌控。連現在自己正在何處都會被完全掌控，這代表公安能掌握此人行蹤，並且隨時逮捕。

提問者A　日本人到現在還在議論：「政府怎麼可以去干涉人民要使用哪種手機應用程式，那不是剝奪個人的自由嗎？」好像有一款名為「抖音」的手機攝影軟體。

提問者B　那個是中國的手機軟體。

提問者A　對、對。

魯　迅　總之，那種「反對中國專制政治」的「言論聲量」，必須得再繼續擴大才行。真的是很心痛啊！中國有十四億的人口，經濟規模又大，日本現在經濟又這麼蕭條，為了能夠存活下來，想必有很多企業想要和過去一樣，心想「只要在中國設廠，或者是只要確保在中國的消費，應該就可以生存下去吧！」這樣設想，應該也是理所當然吧。但是另一方面，若不抱持著「就算貧窮，也要有自己的品格」、「絕不為了賺錢，而對邪惡卑躬屈膝」的心境的話，終究一半的世界將會進入黑暗時代。

「幸福科學必須展開反對拜登的運動才行」

魯　迅　拜登真的不行啊！絕對不行！幸福科學必須展開反對拜登的運動才行啊！他七十七歲，又是左派人士？好萊塢、左派媒體應該都是挺拜登的吧！他的政策都是親中政策。

提問者A　拜登應該從中國那裡拿到……。

魯　迅　對，已經拿到很多錢了。

提問者A　人們傳言「至今他已經拿了很多錢，幫中國辦事」。

魯　迅　川普有著商人的性格，感覺他想要從中取得平衡，只不過他終究還是得徹底切割才行啊！

提問者A　是啊！

魯　迅　就算日本存在著兩大政黨，但過去十一年一直封殺住幸福實現黨，結果就是延遲了在世界興起革命。也就是說，日本政府要你們斷了那個念頭吧？

如果電視等媒體能夠好好地報導幸福實現黨，使其成為話題的話，早就可以改變日本這個國家，可是現在日本卻完全被那個無神論、唯物論的中國牽著鼻子走。

或許是因為過去發生了奧姆教事件，所以日本人對宗教沒有好感，但要是始終不明白宗教的差異的話，就真的是太可悲了。

對於中國的思想統治，必須要訴以「自由、民主、信仰」

提問者A　之所以會有那麼多人討厭宗教，都是人們自己選擇的。

魯　迅　這真是太可惜了，大川先生的想法……。當ＮＨＫ的新聞在中國播放時，中共可以自由地把畫面拉黑，不讓人們觀看。唉……（嘆氣）。

提問者A　ＮＨＫ應該要對此表達憤怒才行，如果他們對自己的工作有著尊嚴的話。

魯　迅　他們才不會呢！只會說「我們播放的畫面消失了」。

提問者A　我真的想要對他們說，如果對自己的工作有著尊嚴的話，就要表達憤怒才行啊！

魯　迅　終究對於思想統治，必須要表達意見才行。

如同你們所說的，應該要訴以「自由、民主、信仰」。只要中國能維護「自由、民主、信仰」這三個價值觀，並且導入多元的價值觀、寬容性的話，其他就沒有什麼好說的了。

為何魯迅會出現在這次的夢境裡？

提問者A　假設您要祈禱的話，會向誰祈禱呢？您的信仰……。

魯　迅　嗯……，在中國人們沒有祈禱的對象啊（苦笑）！

提問者A　您曾經對天帝祈禱過嗎？

魯　迅　中國沒有祈禱的對象啊！即便有「天帝」這一個詞。

提問者A　您知道「愛爾康大靈」嗎？

魯　迅　我都來了這裡，當然知道。

提問者A　是什麼樣的緣分，您進到了總裁先生的夢境當中呢？

魯　迅　嗯……，繼「香港危機」之後是「台灣危機」啊！雖然李登輝先生現在很忙，但我想總裁先生應該也會降下李登輝先生的靈言※。

搞不好香港、台灣會發生危機，日本或許也會同時出現危機。很明顯地，中國打算從尖閣拿下沖繩。對此，若是沒有任何防衛思想的話，這個國家就太危險了。

※ 李登輝先生的靈言　收錄本靈言的翌日（二〇二〇年八月二日），收錄了李登輝前總統的靈言。參照《台灣前總統李登輝歸天後的首次發言》（台灣幸福科學出版發行）。

提問者A　真的是已經完蛋了。我們一直呼籲了十年，都沒有任何改變，我覺得日本這個國家真的已經完蛋了。人們好像真的聽不懂啊！

魯　迅　這是因為人們沒有信仰神明啊，甚至還覺得相信宗教是一件壞事，這實在是不像話！

嗯……，幸福科學實在是太可惜了啊！真希望你們能更有力量啊！比起我一個作家，你們應該有著更大的力量。

提問者A　因為您對現狀感到憂心，所以才得以進入總裁先生的夢境嗎？

魯　迅　嗯，總裁先生……。日本政府花了幾十兆、幾百兆日幣，全都打水漂……。如果幸福科學能再多點力量的話，就能夠做更多的事。

提問者A　真的沒必要發給國民八千萬個口罩啊！大家都已經戴著口罩了啊！

魯　迅　哈哈哈（笑）。雖然日本現在認同歐美的價值觀，但終究要讓「白人優越主義」崩解才行啊！現在歐美除了歧視黑人，也一樣歧視黃種人，再這樣下去的話，歐美人是不會想要對「日本的神」屈膝的。即便日本認同歐美的價值觀，但歐美卻歧視著黃種人，這兩種情形同時並存，實在不容易融合。

日本文部科學省的「唯物論、科學萬能主義型教育」的問題點

提問者A　現在由於總裁先生持續講述教義的關係，日本人在思想的認識力上應該有所提升。如果沒有總裁先生的話，終究歐美的人們會先發現中國

的邪惡，並且感覺到日本的思想怎麼是這般程度。的確，如果日本國民整體的民風素質沒有提升的話，的確有其困難之處。

魯　迅　當日本的經濟被中國逆轉的時候，日本人的精神已經變得完全萎縮。啊……（嘆氣）。

提問者A　日本人的稻荷信仰，已經維持了幾千年的現世利益的信仰觀，而且這已成為日本宗教的主流。

魯　迅　那也必須要進行內部改革才行。

雖然日本表面上提倡唯物論、無神論、科學萬能主義，但一般人在想法上會認為「僅是家裡附近的稻荷信仰的話，那沒什麼大礙」、「只要和政治沒什麼關係，能帶給自己現世利益的話，那也無妨」。

提問者A 但是現在日本的政治家，都是著眼於現世利益，想要從依靠中國的經濟，真的是那般稻荷信仰的延長。我認為那樣子的宗教情懷本身，已經走到了極限。要如何突破如此極限，就真的是一個問題。

魯　迅 又不能從學校教育開始著手。

提問者A 是啊！

魯　迅 日本的教育改革實在難搞。日本文部科學省（編注：綜合了教育部與科技部的國家行政機構）的

「唯物論、科學萬能主義型教育」，真的是錯誤的啊！自從教育部和科技部合併後，就變得更為糟糕。科學不是萬能的啊！

如果科學真的是萬能的話，北韓、中國早就發達了。

剛才問到我為何會出現？其實還有很多人想表達意見，但沒有多少人能成為與日本之間的橋樑，即便有一些中國的政治評論人，但對各位來說應該也不知道那是誰吧？所以，我就採取行動了。

6　來自魯迅的訊息

中國的言論界、思想界也認為「若無任何作為就岌岌可危了」

提問者A　也就是說，在中國靈界當中也有人們認同總裁先生的想法，並且盼望總裁先生能夠改變中國嗎？

魯　迅　對，沒錯，不是只有洞庭湖娘娘而已啊！

提問者A　（笑）

魯　迅　也不是只有會引發洪水、施放蝗蟲的濕婆神※而已。中國的言論界、思想界也認為「若無任何作為，中國就岌岌可危了」。要是日本反省的太過頭，太自廢武功的話，那麼就必須要改變想法才行。如果現在不保護美國川普總統的路線的話，就無法維護世界的和平。

提問者A　我明白了。

魯　迅　真不曉得來不來得及啊……。現在習近平已經到極限了吧！即便換成是另一個人應該也是一樣，周遭人們大多是唯唯諾諾的人。

※ 施放蝗蟲的濕婆神　參照《從濕婆神的角度看地球的未來計畫》（幸福科學出版發行）。

悔恨於中國及日本現狀的魯迅

魯　迅　我講了一個小時左右？

提問者A　是啊！

提問者B　是，一小時十六分。

魯　迅　啊……（嘆氣）。

提問者A　您很擔憂嗎？

魯　迅　真是悔恨啊！

提問者A　這樣啊。

魯　迅　真的是很悔恨啊！

美國的企業家們將網路等等導入中國，試著提升中國的人民水準，沒想到卻被那般惡用，變成監視人民的系統。這實在是令人感到衝擊啊！整個國家都變成FBI、CIA了。

日本對於防範那樣的資訊間諜，實在是太不當一回事了。被中國人買走了日本水源地，又被買走了能夠攻擊自衛隊基地的土地，都感覺到無所謂。

提問者A　這應該說日本人是好人？

魯　迅　不，應該說是「沒有想法的人」。

提問者A　沒有想法的人。

魯　迅　就像是「傻子伊凡」。

希望人們能「分辨善惡」以及「信仰神佛」

提問者B　最後，可不可以對日本和中國的人們，個別傳達一些訊息。

魯迅　我想對日本說，或許現在稍微有一些評論人士支持著幸福科學，但我希望這樣的人能夠再多一些。

雖然一部分的體育報紙、晚報支持著幸福科學，但我希望主流的報紙、電視台能夠知道「對幸福科學進行報導，就會成為牽制中國、北韓之帝國主義侵略的力量」。

我真的希望你們在政治上能更有影響力啊！

此外，我想要對中國的人們說，「現在已經不是在乎金錢、物質的時候了，要從日本把這個幸福科學所講述的思想，輸入到中國才行」。

我想中國不想輸入歐美的基督教思想、民主思想，但源自於日本的思想，多少帶有東洋的想法，必須得更加導入，並且加以廣佈才行啊！

在「香港革命」之際，中國內部終究也必須出現呼應聲浪才行。或許會有很多人因此而死，但還是得做。

中國人對於香港的抗爭一無所知，中共只想讓中國人認為，國家正和平地統一香港，但必須讓人們知道事實並非如此。

即便中國一年發生十萬件以上的暴動，卻完全沒有任何報導出來。反觀美國，僅是發生了一件警察跪踩黑人的脖子導致死亡的事件，就發生了暴動。像美國那樣才是健全的國家，一年發生十萬件的暴動，完全沒有被媒體報導，不為外界所知，這樣的國家反而是危險的。

就算病毒武器從中國的病毒研究所被「發射」到全世界，不光是中國人自己不知道，外國人也不知道發生了什麼事，這種狀況實在是非常不妙。

中國人必須要更能分辨善惡才行。

最重要的，是讓中國人知道「現今必須要抱持對神佛的信仰」、「若是生於世間卻不知對於神佛的信仰，如此人生是很空虛的」。

如果說「神」行不通的話，那麼說「佛陀」也行，要信仰佛陀啊！要相信人的可能性啊！要相信「死後還有來世」啊！我想要告訴中國人這些話語。光靠魯迅的名字，這些話語可能無法在中國流傳，因此我今天才來到了這裡。

提問者B　謝謝您。

提問者A　現在漫畫《王者天下》還風靡於日本……。

魯　迅　那是一部崇敬中國的漫畫……。

提問者A　那種「國家統一、秩序安定是理所當然之事」的想法，透過了漫畫、電影傳遞於各地。

魯　迅　因為他們認為「國家越大越好」吧？

提問者A　可是如此一來，就會引導出「反叛是惡事，反叛分子都是惡人」的思想。

魯　迅　正因如此，一個一個的光明天使被逮捕入獄，對此必須要加以支援才行。真是不行啊！或許無法立刻出現巨大的力量，但持續加以努力，影響力必定會廣佈。

秦始皇是中國靈界地獄的支配者之一

提問者A　對不起，不知這個問題請教魯迅先生是否合適，請問秦始皇回到天國了嗎？

魯　迅　秦始皇應該是中國靈界的地獄的支配者之一。

提問者A　也就是說他在地獄？

魯　迅　嗯，我想秦始皇還在地獄當中，他是「獨裁思想的根源」。

提問者A　我明白了。

魯　迅　他應該存在於「鎮壓維吾爾」的行動背後。

提問者A　嗯，原來如此。

魯　迅　因為他憎恨著「無法蓋好萬里長城，都是那些人的關係」，所以他想要報復兩千年前的悔恨。

提問者A　了解了。

魯　迅　我希望能還給中國「自由」。

提問者A　這是魯迅先生的願望嗎？

魯　迅　對。

提問者A　好，謝謝您。

提問者B　謝謝您。

大川隆法　（拍手兩次）

第二篇

秦始皇 vs. 洞庭湖娘娘

第1章　秦始皇的靈言

二〇二〇年八月一日
收錄於幸福科學特別說法堂

秦始皇（西元前二五九～前二一〇年）

中國秦朝第一代皇帝。第三十一代秦王。名政。西元前二二一年，消滅戰國六國，統一天下。為了確立基於法家思想的中央集權體制而實施郡縣制，藉由統一度量衡、文字、貨幣、焚書坑儒，進而統一人民思想，建造阿房宮、陵墓等。此外，還曾攻擊匈奴、修築萬里長城、擴張南方領土，形成了從中國東北部到越南北方的大帝國。

〔兩位提問者，分別以A．B標記〕

〈靈言的收錄背景〉

收錄「魯迅的靈言」（第一篇）之後，大川隆法總裁為了調查二〇二〇年七月三十一日清晨的夢境含意（請參照《從濕婆神的角度看地球的未來計畫》一書後記，幸福科學出版發行），而招喚了相關的靈人。

1 靈查出現於夢境中的巨龍真實面目

（編注：背景正在播放幸福科學的根本經典《佛說・正心法語》CD）

大川隆法　今天是二〇二〇年八月一日。昨天，七月三十一日凌晨，我作了一個像是《聖經》中「默示錄」一般的夢，為了理解夢境的含意，今天調查一下「到底是誰抱持著何種目的讓我看到那個夢境」。

昨天凌晨的夢境當中，有一隻兇猛巨龍在日本近海興風作浪。最大的龍是一隻有著十七個頭和尾巴的巨龍，而且每個頭還各自有著翅膀。這隻巨龍的周遭還有幾隻五個頭、三個頭的龍，這些龍在日本近海興風作浪，似乎想要威嚇、侵略日本。

在國際社會當中，不知為何，美國的艦隊、代表歐洲的英國艦隊都馳援而來，並且表現出「可以砲擊那些巨龍，消滅它們」的態度。

只不過，他們說著「但是最初的一擊、最初的砲擊或者是導彈攻擊，要請日本自衛隊先行出手」、「我們不可以先出手，我們雖然可以援助防衛，但最初的一擊，得由自衛隊先出手」。

於是，政府就開始議論紛紛，日本自衛隊則表示「遍尋法律，日本找不到能夠先行發射砲彈、導彈的任何根據」。由於在日本憲法或自衛隊法上，沒有任何法律根據表示「可以與那並非是船艦的巨龍對戰」，導致對是否可以加以攻擊猶豫不決。

我想這是因為我變成了靈體，所以當時我巨大的靈體飛到了空中，「既然自衛隊不出手的話，我就先出手了」，進而使用了靈性力量，把那有著十七個頭最大隻的巨龍，從海裡拉到空中，並且將其分解成兩半。

我把它拉到日本的領土上空，分解成十三個頭和四個頭的身軀。但是，最後因為自衛隊認為「不可使用武器」，於是就像《舊約聖經》的大衛打倒巨人歌利亞時的場景一樣，自衛隊表示「可以用繩子把兩塊石頭綁在一起，旋轉打到龍的脖子的話，就可以把脖子吊起來，現在正在進行準備」，不過還說「那要花上四個小時」。

聽到如此說法，我實在感到訝然，不過就在那段期間，巨龍以及其他的龍就逃往海面，狂暴慌張地逃走了。

我作了那樣的夢。

因為實在很真實，有點啟示錄的味道，所以我在想「這是不是來自濕婆神的啟示」，畢竟是在我要出《從濕婆神的角度看地球的未來計畫》一書時所作的夢。

只不過很明顯地，龍和中國有著關係，所以我也想「會不會和中國或北韓有關」。很想知道是不是有人想直接傳達些什麼。

我想查查是不是有誰想要傳達什麼訊息給我們。準備好發問了嗎？

提問者B　是。

大川隆法　接下來，我想調查一下昨天清晨，為何在我夢境當中會出現威脅日本的狂暴巨龍，又或者想要讓我夢到那般夢境之人的真正目的。

以那巨龍之姿，想要傳到給我某些訊息之人啊！請露出真面目來。

是誰想讓我看到那種場景？是誰在威脅日本？

（約二十秒鐘的沉默）

2 「十七個頭的龍」的含義

講述「中國發佈了『緊急狀況』」的秦始皇

秦始皇　（微微的笑聲）哈哈哈哈哈哈哈哈。哈哈哈。
（聲音變清晰了）哈哈。哈哈哈。哈哈、哈哈。哈、哈。

提問者A　臉上也在笑著。

秦始皇　哈哈哈哈哈（笑）。

提問者A 請問你是哪位？

秦始皇 秦始皇。

提問者A 秦始皇。

秦始皇 哼。

提問者A 你好。

秦始皇 嗯。

提問者A　你懂日語嗎？

秦始皇　我是全能的。

提問者A　你和之前靈言時的感覺有點不同……。

秦始皇　沒錯，因為已經發布了「緊急狀態」。

提問者B　是什麼樣的緊急事態呢？

秦始皇　中國發布了「緊急狀態」。

提問者A　這樣啊！

秦 始 皇　嗯，已經響起警報聲了。

提問者A　什麼樣的警報？

秦 始 皇　危險訊息的警報。

提問者A　對於洪水災情，中國不是宣稱「新冠病毒已獲得完全控制，大壩也安全，就算被核武攻擊也不會潰堤」嗎？還有什麼緊急狀態呢？

秦 始 皇　噗（笑）。哈哈、哈哈哈（笑）。那種話說的倒是簡單！妳在說什麼啊！是內部的人正說著發生了「緊急狀態」啊！

中國的新冠疫情、洪災和蝗災等災情未獲報導

提問者A　是什麼樣的緊急狀態？

秦始皇　如果已經沒有新冠病毒的話，應該就沒人戴口罩了吧？也就是說，政府已經放棄去掌握感染人數了。

提問者A　是啊！

秦始皇　誰會知道啊！只照顧病情嚴重的人，但就算死了，也不知道實際病名

是什麼。

提問者A　可以推說是得了一般肺炎，或其他什麼疾病之類的。

秦始皇　流感、心臟病發作，其他什麼都可以，只要不往上報告就好，反正都是死。

所以說，死了很多人啊！只不過，有很多是沒有接受治療而死在家裡的。

提問者A　也沒有請醫生來看診。

秦始皇　嗯，所以也沒必要再新增數字了。如此一來，世界各國就會信任中國是足以稱霸天下的。正當世界處於兵慌馬亂之際，就只有中國這艘巨大的「航空母艦」還浮在海上。

提問者B　不過，已經發布了緊急狀態吧？

秦始皇　啊啊，的確是緊急狀態。

提問者A　發生什麼事了嗎？

秦始皇　因為洪水，有超過四千五百萬的人們要避難，有多少房屋被沖走，中國媒體完全無法掌握數字，也不知道造成了多大的損失。

據說損失超過了幾兆日圓，但實際情形無從得知，雨又一直下個不停，到處土石崩塌。卻完全沒有媒體報導，所以人們根本不知情。還有，有水的地方蝗蟲不來，沒水的地方出現蝗蟲。蝗蟲來了之後，到處吃個不停。除了蝗蟲之外，還有一堆長了六隻腳的昆蟲到處啃食。

提問者A 中國國內的影像、新聞，不論是在日本或全世界都鮮少能夠看到……。

秦始皇 怎麼可能會讓外人看到？

提問者A 實際上在各地發生了各種事情？

秦始皇　私底下可是緊急狀態啊！

集合中國的指導者們，召開著「地下全人代」？

提問者A　這次是你以「秦始皇」的身份，第一次來此講話？

秦始皇　應該是吧！

提問者B　之前沒有出過靈言書嗎？

提問者A　有出過嗎？之前雖然聽說凱恩斯的前世※或許是秦始皇，但應該沒有直接接觸過。

※　凱恩斯的前世　參照《創造未來的經濟學——公開收錄靈言 海耶克、凱恩斯、熊彼得》（幸福科學出版發行）。

秦始皇　現在我一口氣集合了中國的指導者們，召開著「地下全人代」。嗯，匯集著有著巨大力量的指導者們，正搞著「全人代」呢！

提問者A　你出現在總裁先生的夢裡，有著何種意義呢？

秦始皇　所以說，「中國」就代表著「巨龍」啊！嗯，有黑龍、紅龍、白龍、青龍，有著一大堆的龍啊！

「龍頭的數量」代表什麼意義？

提問者B　總裁先生夢中的龍，有著十七個頭，那代表參加「全人代」的人數嗎？

秦始皇　嗯？

提問者B　那是代表參加「地下全人代」的人數嗎？

秦始皇　十七個。

提問者A　十七個龍頭代表什麼意義？

秦始皇　八岐大蛇有八個頭，十七個頭代表「比八岐大蛇的兩倍還多一個」的意思。

提問者A　我就知道你會這麼說。所以那是秦始皇的身姿嗎？

秦始皇　對。

提問者A、B　啊。

秦始皇　位處中心的龍是我，其他有著五個頭、四個頭、三個頭的龍，是在我之下的指導者。

提問者A　應該就是在《大中華帝國崩壞的序曲》出現的人們（鄧小平、習近平守護靈、毛澤東）吧？

《大中華帝國崩壞的序曲》
（台灣幸福科學出版發行）

秦始皇　嗯，的確是。大家都是龍的樣子。

提問者B　毛澤東等人都是？

秦始皇　顏色不一樣的龍。

提問者A　你有著十七個頭？

秦始皇　嗯，是日本的兩倍再加一。

提問者A　（笑）真的是那樣的意思嗎？

秦始皇 對。

提問者A 真的?

秦始皇 妳怎麼老是……。

提問者A 對不起。

秦始皇 等下給妳菠蘿麵包,給我安靜一點!

提問者A 你知道我喜歡吃什麼啊!我只是在想「為什麼是十七個頭呢」。

提問者B　每一個頭有著各自的任務嗎？

秦始皇　嗯，每個頭都有著各自的「秘密武器」。

提問者A　在中國，「八」這個數字應該是很好的數字，八的倍數不是應該比較好嗎？

秦始皇　嗯，那個「一」是台灣。

提問者B　是台灣？

秦始皇　嗯。

提問者A 不是香港？

秦始皇 香港已經是中國的了，所以無所謂。

提問者A 那麼是指「台灣」？

秦始皇 嗯。

提問者A 原來如此。

秦始皇所感受到「來自日本的攻擊」是？

提問者B　順便問一下，毛澤東的頭有幾個？作為龍來說。

秦始皇　毛澤東可是禿頭啊！那傢伙的頭有五個左右吧？

提問者B　是你的數量的一半以下啊！

秦始皇　那表示他與我之間的「能力之差」，沒辦法啊！

提問者B　鄧小平呢？

秦始皇　鄧小平雖然當時他專心賺錢，但最後是半吊子告終。感覺他的龍很難控制，屬於「王者基多拉類型」吧！頭三個、尾巴三個，搞不清楚他是要往右走，還是往左走。

我還聚集了許多其他願意協助的歷代皇帝啊！現在大家都合力防範來自日本的攻擊。

提問者B　來自日本的攻擊？

秦始皇　你們不是已經開始進行「靈性攻擊」了嗎？

提問者B　「來自日本的攻擊」是指軍事攻擊嗎？

秦始皇　在那之前，已經老早就開始「精神攻擊」了。

提問者B　關於思想面的……。

秦始皇　不管是精神上、政治上、經濟上，美國已經發動攻擊了。雖然也必須和美國對戰，但我們現在採取的方針是「趁著新冠疫情使全世界無法動彈之時，先拿下能拿下的」。

新冠病毒是對美國和英國的「先發制人」嗎？

提問者A　你如何看待新冠病毒呢？

秦始皇　嗯？什麼？只要不要讓外界發現中國是「犯人」，不就好了嗎？

提問者A　也就是說，中國是犯人囉？

秦始皇　不，只要他國沒有掌握到證據，那就無話可說。那實在是很「划算」啊！

提問者A　但是，那病毒是源自於武漢。

秦始皇　那是因為不知道哪個環節發生了問題，導致外洩出去。

提問者A　只要不被發現是犯人，就很「划算」……。

秦始皇　那是因為主要的攻擊目標是美國、歐洲。

提問者Ａ　原來是要攻擊美國、歐洲啊！

秦始皇　成效很好啊！美國的ＧＤＰ已衰退了百分之三十三，歐盟也說衰退了百分之四十。實在是很管用啊！嗯、嗯。

提問者Ａ　原來是中國……。

秦始皇　英國還大言不慚地說要給香港人英國國籍，我真的是要把英國給咬碎！我要把英格蘭、蘇格蘭、愛爾蘭都分成兩半，變成四分五裂的島嶼。

提問者A　但是英國也有龍吧？

秦始皇　那邊雖然也有龍，但很脆弱。

提問者B　歐洲當中，出現最多新冠肺炎死者的就是英國。

秦始皇　沒錯。

提問者B　那是刻意瞄準的嗎？

秦始皇　總之，盎格魯撒克遜是主要敵人。英國絕對有介入香港，於是美國一定會一起行動。所以中國為了毀掉這兩個國家，要先發制人。

3　揭露中國統治世界的戰略

「同時攻擊台灣和沖繩，還會攻擊香港」

提問者A　回到夢境的話題，你與你的部下以中國龍神之姿出現在夢裡對吧！

秦始皇　嗯。

提問者A　那是想要攻擊日本的意思嗎？

秦始皇　現今中國正在向尖閣諸島「出刺拳」，每天都在「侵略尖閣領域」。不只如此，中國也會同時對台灣和沖繩。中國打算同時占領台灣和沖繩，所以得要有所覺悟。

提問者B　不是先攻擊台灣之後，再攻擊沖繩……。

秦始皇　是一起攻擊。

提問者B　同時攻擊。

秦始皇　中國會「同時攻擊」，絕對不會給你們時間思考。如果只攻台灣的話，在沖繩的美軍就會出動。

提問者A　啊！

秦始皇　中國不只會攻擊台灣和沖繩，還會攻擊香港。

提問者A　於是美國就應付不暇？

秦始皇　嗯，現在我們正在準備攻擊各種地方。每天都在演習，外界不知道我們何時會真的動手。川普越是接近選舉，更是容易下手。

出現於夢境的龍，也是「中國艦隊之姿」

提問者A　也就是說，在靈性上，你們是以那種姿態徘徊在日本海近海嗎？

秦始皇　不，雖然那是我們的靈性模樣，也是「中國艦隊之姿」啊！

提問者A　原來如此。

秦始皇　如果中國的核子潛艇艦隊浮上海面的話，就是那種樣子，中國還有其他眾多航母艦隊、巡洋艦等等。

提問者A　但是，你知道總裁先生在夢裡看到了那個樣子嗎？

秦始皇　嗯……，不……。不過，那就是現今中國正在思考的事，「要如何進行攻擊」。中國正打算拿下「第一島鏈」、「第二島鏈」。美國真的是反應激烈啊！所謂「第一島鏈」，是指沖繩以下的海域。

首先，把菲律賓、越南附近的近海，都納為中國的領海，我們現在正在打造海上基地。第一階段是拿下這些範圍的制海權和制空權，第二階段則是「拿下直至夏威夷」的範圍，屆時澳洲也在目標之內。

提問者A　真的是很大的欲望啊！

秦始皇　嗯。我們已經思考到這一步了，因為有可能會提前實現，所以已經開始進行準備了。因為敵人正大言不慚地說著，要對如此大國進行「經濟制裁」什麼的。

「打算從台灣的東方，藉由潛水艇發射導彈」

提問者A 總裁先生曾經巡錫歐洲的德國，也曾巡錫美國。德國知道了中國的計畫嗎？

秦始皇 德國是歐洲的中心，到現在還是親日的國家。

但是，德國最近和中國走得很近。中國的「一帶一路」計畫拿下德國之後，就可以掌控歐盟。但要支配整個歐洲，我想還得花一些時間。現在中國姑且先樹立著「先拿下亞洲」的戰略，中國計畫先奪取「制海權」和「制空權」，在中國南方已經部署了足以拿下「制空權」的飛機。

此外，因為台灣部署了一大堆飛彈，所以得一口氣加以摧毀才行。

他們以為飛彈攻擊會從中國南方而來，不過我們打算從台灣的東方海域，透過潛水艇發射導彈。

「打算單方面地宣布琉球是中國的領土」

提問者A　在總裁先生的夢境當中，日本的對策簡直就像是電影「正宗哥吉拉」一樣，完全不去攻擊試圖侵略日本的狂暴巨龍。那般情景就是「中國眼裡的日本」嗎？

秦始皇　妳在說什麼啊！日本根本不存在什麼「哥吉拉」啊！如果有「哥吉拉」的話，就會和龍進行對戰，但日本根本不存在那種東西啊。

所以，中國會單方面地進行宣言。石垣島和尖閣諸島是不用說了，中國會宣布「琉球也是中國的領土」。中國一直都是這麼盤算，但前一陣子，琉球的那個什麼城？

提問者A 首里城？

秦始皇 首里城突然發生那麼大的火災，真是可疑啊！那個一定是誰搞的鬼！那個城可是代表著琉球曾隸屬於中國啊！

（看提問者A調整坐姿）妳真的是很沒禮貌啊！

提問者A 我剛剛一直都是正座跪姿。

秦始皇 嗯……。妳剛剛不是移動了妳的屁股嗎？

提問者A　（笑）

秦始皇　總之，妳的故鄉就要被拿下了（編注：提問者B出身於沖繩），接下來就是九州南部。現在九州正為了洪水發愁吧？我們會前往「救援」的。不久我們會組成艦隊，前往九州「救援」。

提問者A　不，在那之前，你得先處理你們自己的緊急情況啊！

秦始皇　嗯？

提問者B　洪水讓四千五百萬人受害。

秦始皇　我會到日本要錢，所以無所謂啊！

提問者A　但是日本也沒錢啊！

秦始皇　我想要錢啊！

提問者A　因為要應付你們所引發的新冠病毒疫情，以及九州的豪雨，所以日本現在已經沒錢了。就連東京都的預算都快見底了。

秦始皇　不，為了讓中國的軍隊離開，不管多少「贖金」，我想安倍應該都會出吧，嗯。聽說為了因應新冠疫情，日本已經花了幾十兆日幣。不是才一萬多人感染嗎？

要讓人們感覺到「投資中國，未來才會光明」

提問者A　幾天前，習近平守護靈也說過要錢。這種想向他國要錢的發想，真的是和北韓一樣啊！

秦始皇　不，北韓現在快要亡了。

提問者A　也就是說，中國內部現在非常疲弊，經濟也很糟糕？

秦始皇　北韓現在快要垮了。因為北韓害怕新冠病毒而封鎖邊境，導致物資無法從中國進入，所以不久後就要垮了。

提問者A 中國想要和他國要錢，這表示中國內部的情況相當糟糕啊！

秦始皇 應該就是那樣吧！搞了一大堆……。大規模的絲路，中國想要同時建立「陸上絲路」和「海上絲路」。若是經濟出現負成長，那可吃不消啊！必須從某處拿錢才行啊！

提問者A 所以，現在中國的經濟狀況十分淒慘？

秦始皇 現在正在研究是否能夠做出「偽貨幣」。

提問者A 又要搞什麼騙人的名堂？

秦始皇　嗯，偽貨幣。只要讓外界感覺中國還很安穩，就有很多人會上鉤。「不妨可以試試看那種貨幣」，進而能夠匯集很多人的資金。

提問者A　這麼聽來，我真的感覺到「心念必定會實現」這句話，完全可以套用在你的身上。

秦始皇　沒錯吧！

所以我說啊，日本現在不是負利率嗎？人們不知應該如何投資，買日本公司的股票，未來就只會變成「壁紙」啊！

既然如此，「投資中國，未來才會光明啊」！我想要吸收大量的資金啊！以兩百兆日幣為目標。

提問者B　但是，實際上有非常多的企業、工廠從中國撤退，這一點不會讓你感到傷腦筋嗎？

秦始皇　所以說啊！我就在想「必須要摧毀你們才行」。

提問者B　為什麼？

秦始皇　就是因為你們一直說著中國的壞話，要人們快點從中國撤退。

提問者A　不，我們只要想要在世界廣佈真理而已，雖然有其難度。

秦始皇　嗯，那原因就是……。你們官方不是大張旗鼓地跟人們說著「快點從中國撤退」？不就只有你們在說嗎？就是你們啊！

提問者A　那麼，也就是說幸福科學的言論有著影響力？

秦始皇　明明幸福實現黨就只有鄉鎮市議員而已，你們就以為自己真的是一個政黨，然後你們說的話，一大堆人還真的照那些話去做。這情況真的是……。這樣中國會出現一大堆失業之人啊！所以啦！我們現在就是試圖去幹以前日本所幹的事。把那些能夠產出石油、煤炭、天然氣、鐵礦石的地方，全都納為己有。如果不趕緊動手的話，危機就要迫近了，嗯。

提問者A　感覺中國想和伊朗聯手？

秦始皇　嗯……。不過，中國現在對於伊朗採取的是姑息的態度，他們老是想用高價賣中國石油。

提問者A　原來如此。

秦始皇　嗯，對伊朗那傢伙先用姑息策略。

提問者A　雖然說姑息，但那還是買賣吧！而且，現在有很多非洲國家改變了對中國的看法。

秦始皇　那是因為那些國家看穿了中國想要透過貸款，竊取他們的國家。現在開始有一些國家假裝上鉤，先讓中國把錢拿出來，之後再「逃跑」。

有些國家一開始就不打算還錢，能拿多少錢就拿多少。對於非洲，中國必須也要加以制裁才行啊！

提問者A　但是，中國不也是從日本拿了兩百兆日幣嗎？中國不也是不打算償還嗎？

秦始皇　什麼？

提問者A　中國從日本貸款了兩百兆日幣……。

秦始皇　「別人的東西，就是我的東西」，妳在說什麼啊！

提問者A （苦笑）這樣你和非洲的那些國家還不是一樣？

「透過日本吸收全世界金錢」的基本戰略

秦始皇 從日本這個「邪惡帝國」拿多少錢都無所謂啊！

提問者A 為什麼說日本是「邪惡帝國」呢？

中國之所以能夠發展，是因為戰後日本的眾多企業進到中國，希望中國能夠變得豐盈，中國人能夠……。

秦始皇 在那之前，都不知道日本殺了幾億人啊！

提問者A　不，沒有殺了幾億人。

秦始皇　在亞洲當中，真的是到處殺人啊！

提問者A　但是，也是因為日本人，才讓中國的人們避免了被白人支配，沒有被白人侵略啊！

秦始皇　現在香港還向日本求援，真的是寡廉鮮恥啊！以前日本的戰鬥機曾來回於香港上空啊！也曾進駐日軍。

提問者B　但是，在那之前中國可是被歐美列強佔據啊！

提問者A　真的啊！

秦始皇　什麼？那有什麼辦法，對方很強啊！日本太傲慢了啊！那種連屁都不如的小國！跩個什麼勁啊！

在我秦始皇時代，日本可是會朝貢外交的好國啊！

提問者A　如果中國被白人支配，會比較好嗎？

秦始皇　那沒有辦法啊！現在對方也比較強啊！

提問者A　（笑）我怎麼感覺你有一點自卑感？

秦始皇　不，現在中國要創造一個更大規模的「巨大帝國」。現在俄國也變弱了，有時還會發生暴亂，若是有「空隙」的話，中國也想拿下俄國。

提問者A　一直把眼光放在國外也無所謂，不過要是不關心國內問題的話，可是會跌跤的啊！

秦始皇　不，只要有錢的話，我就會閉嘴。

提問者A　不過，現在不就快要沒錢了嗎？

秦始皇　所以啊！就只能從其他的國家拿錢啊！

本來也想從韓國拿錢，但他們實在很小氣。裝腔作勢地說著自己很繁榮，但實在是很寒酸。那一點錢，真的是杯水車薪。終究還是得從日本拿啊！日本必須要再加油啊！如果日本為錢而煩惱，可以從歐美各國匯集金錢啊！我們想透過日本吸收各國資金，這個就是基本戰略啊！

提問者A　但是，中國不是把經濟成長視為唯一的「信仰對象」嗎？那樣一直向日本要錢，中國的人們不會認為「奇怪，我們國家是不是有問題啊」嗎？

秦始皇　不，日本這個國家就要沒了，再過不久就要變成中國的「遠東省」了。

秦始皇時代的人口少、經濟規模也很小

提問者A　你知道近代的德國納粹希特勒，相當令人厭惡嗎？

秦始皇　我不知道那種「小國」的事。那種「小國」，不論是領土或人口，應該都比日本還小吧！

提問者A　不過，很久以前的中國，也只是有遼闊的國土，實際上沒有那麼多的人口吧？

秦始皇　在我的那個時代，已經是「世界皇帝」了。

提問者A　不，隨你說吧……。

提問者B　你的世界還真狹小啊！

提問者A　沒錯。

秦始皇　雖說是世界，但人民的水準的確很低。

提問者A　國民的人數少，經濟規模也很小。

提問者B　而且，你統治期間也很短（十一年）啊！

提問者A　真的啊！

秦始皇　就算很短，但「CHINA」這個名字，可是源自於「秦」啊！是漢民族的代表啊！
總之，中國有十幾個民族，而漢民族屬於加以支配的民族，占了百分之九十。那源頭可是我啊！

對洞庭湖娘娘保持警戒的秦始皇

秦始皇　要是有什麼娘娘過來的話，我就把洞庭湖給埋了。

提問者A　不過，你曾經想要渡過洞庭湖附近的河川※，結果沒

※ 洞庭湖附近的河川　根據《史記》記載，已統一中國的秦始皇在巡視各地時，為了前往湘山（洞庭湖附近的山岳）而想要渡過揚子江（長江）時，因為遭遇大風而無法渡河。

有辦法渡河吧？

秦始皇 所以，我才說要把它給埋了！要不然我給它燒個精光啊！嗯。

提問者A 不，水沒有辦法燒啊！

秦始皇 那我就灑油。

提問者A 不，那樣也燒不起來。

秦始皇 油會浮在水面上。油浮起來之後，火一點，就可以燒死了！

提問者A　你難道完全沒有學過，中國古代優良政治型態的「德治政治」嗎？

秦始皇　那種事誰在乎啊！

最近「洞庭湖」老是在說著狂妄自大的話。說什麼「大中華帝國的崩壞」？「序曲」？既然那麼狂妄自大的話，我就潑上廢油，把火點燃，把這水的女神的衣服給「燒黑」！哼！

4　探索中國靈界的實際狀態

堅持自己是中國之神的秦始皇

提問者B　去年，日本熱映了一部電影名叫「王者天下」。

秦始皇　想必日本人很是崇拜我吧！

提問者B　在那之前，漫畫也很熱賣。

秦始皇　嗯，嚮往我的人都會成功。

提問者B　你也從靈界看到了嗎？

秦始皇　我的靈力已經無遠弗屆了。
日本早已經是「朝貢國」了，自古以來就是如此啊！好東西全都是中國產的，都是從中國進貨的。

提問者B　你為什麼對日本這麼執著？

秦始皇　你們可是蠻族啊！是「東夷」，是夷狄啊！

提問者A　你沒有在日本出生過嗎？

秦始皇　什麼？

提問者A　我是說你。

秦始皇　為什麼我要在日本出生！

提問者A　因為你現在滔滔不絕地說著日語，所以有可能你曾在亞洲圈轉生輪迴喔！

提問者B　有很多人曾轉生在中國或日本喔！

提問者A　沒錯、沒錯。

秦始皇　你們是不是把我誤認為是「人類」了啊？

提問者A　我們也曾經轉生於中國。

秦始皇　我可是「神」啊！別把我當成和人類一樣。

提問者A　我知道啊！你是「想要成為神的男人」。

秦始皇　妳說的是習近平或毛澤東吧！

提問者A　人們都說秦始皇的「副標題」是，「過去一心想成為神，卻成不了神的男人」。

秦始皇　什麼過去不過去，我已經是「神」了，是「中國之神」。

提問者A　過去想成為中國之神？

秦始皇　我已經是「中國之神」了！

提問者A　是過去的願望。

提問者B　毛澤東也說過自己是「中國之神」。

秦始皇　神不需要投胎為人。

提問者A　沒問題啦！現在習近平正努力想要超越你，想成為比你更偉大的神。

秦始皇　嗯……他會失敗吧！

提問者A　所以，只要是你認為的手下，每個都是你的敵人啊！

詢問秦始皇靈體的「身體」和「眼睛」顏色

秦始皇　嗯，總之，現在那些狂龍正為了尋求獵物而行動著。

提問者A　附帶一提，你是什麼顏色？

秦始皇　嗯？

提問者A　是什麼顏色？

秦始皇　我嗎？

提問者A　對。

秦始皇　妳問這個有什麼企圖？

提問者Ａ　不，什麼顏色很重要啊！

秦始皇　一定有什麼企圖……。

提問者Ａ　你是什麼顏色？

秦始皇　妳的企圖是什麼？

提問者Ａ　果然是黑色的嗎？

秦始皇　妳在企圖什麼？

提問者A　沒有，我只是在想，你的心應該是黑的。

秦 始 皇　有何企圖？

提問者A　什麼顏色？

秦 始 皇　如果我說是白色和黑色，妳怎麼說？

提問者A　不，應該沒有白色吧！

秦 始 皇　什麼？如果背是黑的，肚子是白，妳怎麼說？

提問者A　不，應該沒有白色吧！

秦始皇　嘖。

提問者A　什麼顏色？

秦始皇　「黑」的。

提問者A　（笑）我就說嘛！

秦始皇　嗯，黑的……，有點黑。

提問者A　十七個頭全是黑的嗎？

秦始皇　不，或許在「光輝」上微妙地有些不同。

提問者A　真的嗎？

秦始皇　嗯，只要照到陽光，就會發出各種光芒。

提問者A·B　黑的發亮。

提問者B　眼睛的顏色呢？

秦始皇　眼睛的顏色嗎？嗯……，希望像是燃燒的鑽石一樣。

提問者B　煤炭嗎？

提問者A　我不是問你希望，而是真正的顏色。

秦始皇　應該像是火球吧！

提問者A　紅的眼睛？

提問者B　正燃燒著？

秦始皇 燃燒著、燃燒著……。

提問者A 是因為「欲望」而燃燒吧！

秦始皇 像燃燒的眼睛啊！

夢境中，巨龍被擊落的地方是沖繩？

提問者A 在幸福科學的電影作品中，有一部「神秘之法」……。

秦始皇 妳是說那部沒人氣的電影？

提問者A　不，還有獲得獎項呢！

秦始皇　哼，那算什麼獎。

提問者B　在美國也得了獎※。

秦始皇　什麼？啊啊，妳是說那個把中國領事館趕走的國家？

提問者A　雖然持續發生了許多事，但中國的行動早就被神給看穿了。實際上，在夢境當中，你也無法戰勝總裁先生的念力吧！

※ 在美國也得了獎　電影「神秘之法」（製作總監　大川隆法，2012 年上映）於 2013 年休士頓國際影展中，獲頒長篇電影的最高獎項「評審團特別獎」。

秦始皇 嗯……。

提問者A 你被吊在空中的時候是什麼感覺？

秦始皇 他想要把我綁起來啊！

提問者A 原來是你被綁起來了啊！

秦始皇 啊，他是用了什麼把我綁住啊？

提問者A 被綁起來的時候，有感到麻麻的嗎？

秦始皇　嗯，我被一條看不見的繩索綁住，感覺有電流經過。之後，就被吊到空中，然後往某個地方丟下去。好像是被摔在沖繩的山區當中。

提問者B　山區嗎？

秦始皇　嗯。

提問者B　是沖繩本島嗎？

秦始皇　嗯，感覺是被丟到那裡的山區。

提問者B　或許是沖繩本島的北邊。

秦始皇　嘖！

提問者A　而且還被劈成兩半。

秦始皇　嗯。

提問者A　很痛嗎？

秦始皇　有一點啦！

然而，日本政府一直猶豫不決是否要派出自衛隊，所以我就逃跑了。

提問者A　日本發出的意念，真的是很可悲啊！

秦始皇　現在自衛隊根本無法出動啊！只有派出海上保安廳的保安船，對那看似漁船的船隻發出緊告，但如果不是漁船的話，日本又想怎麼辦呢？而且那保安船上，只有那一挺小到不能再小的「大砲」，如果眼前浮現了一艘全黑的核子潛艇，真是一點轍都沒有吧！

提問者A　真是太羞恥了。不管是官僚或政治家，都忘了要保護國民的生命、財產、安全啊！

大部分的中國人，都過著與失業者無異的生活

提問者B　你如何看待安倍首相呢？

秦始皇　他今年可是很豪邁啊！撒那麼一大筆錢，我看日本就要崩潰了吧！總之，「讓日美關係破滅」就是中國的目的之一，讓兩國因為軍事費用爭論不休，最好讓日美同盟協議瓦解，美國的景氣也變差了，美國經濟蕭條必定也會讓日本景氣完蛋。就算現在還看不出來，但一年之後經濟一定大蕭條，日本能夠脫逃嗎？

提問者A　但是，總裁先生在去年年底，還沒出現新冠疫情之前就說了：「二〇二〇年，全世界將發生源自中國的景氣蕭條。」你剛剛似乎說景氣蕭條是從美國開始的，但那其實是源自於中國的不景氣。

秦始皇　不過，美國現在很不景氣啊！出現了很多失業者。

提問者A　但是，你現在一直跟日本強要錢……。

秦始皇　中國有幾千萬人失業啊！

提問者A　應該不只是失業吧……。

秦始皇　不，有一大堆的失業者啊！只不過，他們本來就失業了，無所謂啊！或許有錢人的收入會減少，但其他人本來就過著和失業者無異的生活，六、七成人都是那樣吧！

提問者A　難道你不願意想辦法幫助那些人嗎？

秦始皇　過去有錢去海外旅行的人，現在應該變得沒錢出國了吧！

提問者A　作為統治者，看到那般陷入苦楚的國民，一點感覺都沒有嗎？

秦始皇　那是習近平的責任……。不是習近平，是鄧小平的責任啊！我不知道啦！我才不知道那種什麼「資本主義市場經濟」……，不，是「社會主義市場經濟」。我不知道啦！

提問者A　的確，就算秦始皇轉生到現代，對經濟應該也是一竅不通。

秦始皇　不，總之，必須要打造「萬里長城」啊！

秦始皇曾轉生為經濟學家凱恩斯嗎？

提問者B　你曾轉生為凱恩斯是真的嗎？

秦始皇　嗯。

提問者A　你知道凱恩斯嗎？

秦始皇　我可是「中國之神」，不知道啦！

提問者A　你也是不懂洋人的名字嗎？你知道凱恩斯？

秦始皇　凱恩斯他不是向我學習的嗎？

提問者A　廣興公共事業……。

秦始皇　他一定是看到了我的萬里長城，感覺到「能夠名留兩千年歷史的東西，就只有吉薩金字塔和萬里長城啊！從太空來看，一目瞭然！真的是符合宇宙時代」，進而學習我過去做了何種偉業！

提問者B　你在作為秦始皇之後，還曾經轉生過嗎？

秦始皇　我不說我是「神」了嗎？我不是人啊！

提問者A　所以你一直都在地獄囉！

秦始皇　我是神啊！

提問者A　你是無法從地獄當中轉生啊！

提問者B　是啊！

秦始皇　所以說啊！還是要搞全人代啊！得鞏固中央啊！

提問者A　沒有必要舉行全人代啊！

秦 始 皇 為什麼？

提問者A 因為上頭決定的事，底下的人全部都得服從。

提問者B 開會僅是流於形式啊！

秦 始 皇 像我一樣有著德望的君主，必須要傾聽底下之人的意見啊！

提問者A 在日本的政治家當中，安倍首相的周遭有著被視為親中派的二階幹事長和今井輔佐官。現在美國也點出這些人，就是制定日本親中政策之人，你有看過他們嗎？

秦始皇　嗯……。

提問者A　你不知道那麼「低階」之人的事？

秦始皇　都是些小人物啊！

提問者A　了解了。

秦始皇　反正都是一些快要消失的人，沒把他們放在眼裡。他們都是想要從中國撈取利益。

提問者A　啊啊，原來如此。看起來他們也想要把中國的錢挖來日本啊！

秦始皇　他們的確僅是想要吸取中國經濟發展後的金錢，所以彼此都半斤八兩啊！

「中華人民共和國」建國時，曾從靈界指導了毛澤東

提問者B　當你思索了計畫之後，你將如何在世間實現那計畫呢？

秦始皇　現在不是已經一步一步地實現了嗎？

提問者A　你會降下靈感給習近平嗎？

秦始皇　會啊！該怎麼說呢？我可是父親，也是母親啊！

否則習近平那簡單的頭腦，怎麼可能樹立如此「稱霸世界」的計畫呢？

提問者A　你會和毛澤東見面嗎？

秦始皇　他是只懂農業之人啊！不過，有時候我會用他。

提問者A　在建立現在的中國「中華人民共和國」時，你曾從靈界對他進行指導嗎？

秦始皇　毛澤東過去想模仿我是事實，如果是這樣，當然我會予以援助。

提問者B 那麼，是因為他很崇拜你，所以曾接受過你的指導？

秦 始 皇 當然，那就是所謂的「波長同通」。

提問者A、B 嗯……。

提問者B 到目前為止，你有覺得哪個人很不錯嗎？

秦 始 皇 什麼？

提問者A 好比，很好使喚之人。

秦始皇　什麼？

提問者B　或者是可造之才。

秦始皇　從我這種偉大存在的角度來看，那實在是……。不知道啦！在我眼中，人類就像是蝗蟲一樣。

「法治主義」的商鞅，擔任習近平的「顧問」

提問者A　你在過去，姑且是主張「法治主義」吧？

秦始皇　那倒是。

提問者A　那是謊言吧！

秦始皇　什麼？什麼，什麼？

提問者A　（笑）

秦始皇　妳在說什麼啊？

提問者A　說是主張「法治主義」，但都在欺騙吧！

秦始皇　實際上，我可真是實行了法治主義，統一了全國啊！統一全中國，可是一大偉業啊！

提問者A　你在那邊有看到商鞅嗎？

秦始皇　他是早先出現之人。

提問者A　你在靈界會跟他見面嗎？

秦始皇　他在靈界啊！

提問者A　你會跟他見面嗎？

秦始皇　不，我想他現在正在當習近平的「顧問」。

提問者A　這樣啊！

秦始皇　現在他應該在當習近平的「顧問」。「透過法律來箝制人們」，我想他會這樣建議。所以，習近平也是遵行法治主義，嗯。

5 秦始皇的思想已來到了極限

生前追求「長生不老」的秦始皇

提問者A　在你死前，似乎出現了不祥之兆。據說當時有一顆隕石從空中墜落，某人在那隕石上刻上了「始皇帝死而地分」的文字。因為不知道犯人是誰，所以掉落處附近的居民全都被殺了。

只不過，既然是空中掉落刻了字的隕石，那應該就代表著「上天的意志」，而且民眾也盼望能變成那個樣子吧！

秦始皇　哼，那種無聊事（笑）。隕石太小了啦！還不如掉下芋頭還比較好啊！

提問者A　還有，你生前曾追求「長生不老」吧！

秦始皇　那倒是。

提問者A　好像你從歷史當中聽說「水銀不錯」，結果你就真的喝了水銀而死，對此你現在是怎麼想的呢？

秦始皇　的確歷史上是那麼記載的。

提問者A　實在很可憐啊！

秦始皇　那是因為醫學很落後啊！

提問者A　之所以想要追求「長生不老」，是因為當時你認為沒有來世嗎？

秦始皇　不，就跟妳前一陣子曾說過，自己想要活個一百年一樣啊！

提問者A　不，你和我是不一樣的。

秦始皇　我的頭腦實在很聰明，一下子就稱霸天下。如果當時我能夠活到百歲的話，秦朝帝國應該就能變得更加偉大。

提問者A 但或許也會因為謀反，而被殺死。

秦始皇 沒那回事啊！又不是像之後的劉邦被人密謀暗殺，人們的腦袋都不到我的百分之一啊！

「毛澤東要拿『新人獎』、要成為帝王還早啊！」

提問者A 那麼，總裁先生的夢境，終究是你想要表達「中國想要支配日本」的意思？

秦始皇 總之，日本就和「台灣省」一樣……。「台灣省」、「遠東省日本」，還有朝鮮半島的「韓國省」，中國想拿下這三個地方。

此外，如果可以的話，還想要拿下菲律賓和越南。

提問者A　那是因為想要更多漁獲嗎？

秦始皇　嗯，中國想要能夠自由航行於那些地方，必須得摧毀那邊全部的軍隊。

提問者A　毛澤東和你，哪一個比較壞？

秦始皇　哪有這種問法啊！應該問哪一個比較偉大吧！

提問者A　那麼，哪一個壞得比較偉大？

秦始皇 壞得偉大……（笑）。這要怎麼回答啊！無法回答啊！

提問者A 那麼，從地獄的角度來說，誰比較偉大？

秦始皇 那當然是我比較偉大啊！

提問者A 什麼？你在比毛澤東還要更深的地方？

秦始皇 毛澤東還只能拿到「新人獎」啊！

提問者A 啊，「新人獎」。

提問者B　啊啊，也就是說他的歷史還太短的意思？

秦始皇　只過了七十年，還算是「新人」啊！想要成為「帝王」還早咧！

提問者A　你活在世間時，就沒有相信神的存在嗎？那時你就以為自己是神了嗎？

秦始皇　妳在說什麼啊！我就是神啊！因為我是神，所以日本才模仿，出現了天皇制不是嗎？

提問者A　沒有那回事。

提問者B　我想不是那樣的。

秦始皇　不，就是那樣啊！

提問者A　你就是想要那麼認為嗎？

秦始皇　所以說啊！日本實行天皇制的年數有灌水啊！至少多灌了五百年的時間。

無法理解「轉生輪迴」，也不知道自己的前世

提問者A　在你轉生為秦始皇之前，應該也曾轉生於世間過。你知道轉生輪迴

嗎？

秦始皇　不知道啦！

提問者A　不知道啊！那你曾經歷過「秦始皇之外的自己」的經驗嗎？

秦始皇　嗯，秦始皇……。在我之前，沒有比我還偉大的人啊！

提問者B　好比堯、舜……。

秦始皇　那都是一些小人物。

提問者A　你知道泰山娘娘※嗎？

秦始皇　名字倒是聽過。

提問者B　據說，泰山娘娘曾經存在於印度大陸板塊與歐亞大陸板塊碰撞之前的中國。

提問者A　她曾看著你。

秦始皇　那實在是吹牛吹很大。

提問者A　對於秦始皇，泰山娘娘是怎麼說的？她好像有說了什

※ 泰山娘娘　中國民間信仰中的女神。參照《大中華帝國崩壞的序曲　中國的女神洞庭湖娘娘、泰山娘娘，非洲的祖魯神的靈言》（台灣幸福科學出版發行）。

麼吧？她好像是說「秦始皇根本不是第一個皇帝，那是在說謊」、「秦始皇以為自己就是源頭，但中國在那之前就存在了」……。

秦始皇　不，她是想要說她的年紀比我大吧！或許就真的是那樣吧！呼……。

「從統治者的角度來看，給人民自由，根本沒什麼好事」

提問者B　回顧過去的靈言※，我想那應該是二〇一七年十月二十一日收錄的內容，那時關於秦始皇，總裁先生在最後曾說「他的弱點就是太輕視思想家的力量」。現在，你應該很害怕「宗教」吧？

秦始皇　不需要宗教啊！我在兩千年前就非常科學啊！又是統一度量衡，

又是整備全國的交通網，甚至為了不讓匈奴入侵，我還……。

提問者A　萬里長城。

秦始皇　我還蓋了「大萬里長城」。海上貿易非常繁盛，讓眾多國家俯首稱臣，拿了金銀財寶、特產品來朝貢。那真的是神的理想啊！

提問者A　接著又焚書坑儒，進行「思想統治」和「語言統治」。

秦始皇　嗯，不需要多餘的言論和思想啊！當時我打算以「法家

※ 過去的靈言　參照《秦始皇的靈言 2100 世界帝國中國的戰略》（幸福科學出版發行）。

主義」治理啊！

提問者B　但是，每次中國發生動亂時，宗教總是核心吧？

秦始皇　有時還真的是出現了奇怪的「靈異現象」。

提問者B　今天在魯迅的靈言當中，他也提到「中國需要更新的思想」。這個應該是你最感到傷腦筋的吧？好比「自由的思想」等等。

秦始皇　那種只是模仿西方的思想，你們覺得很好，但從統治者的角度來看，給人民自由，根本沒什麼好事。「統治者的自由」固然需要，但若是給予「被統治者自由」，那就會一天到晚發生暴亂、掠奪、暴行、逃稅，根本沒有任何一件好事。

雖自稱是「眾神之神」，對創造人類的說明卻模糊不清

提問者B　但是，人是有著「佛性」……。

秦始皇　沒有啊！不要亂胡說！

提問者B　沒有嗎？

秦始皇　沒有啊！

提問者B　你也有啊！

秦始皇　傻子！我是神啊！妳在亂說什麼啊！

提問者A　那麼，為什麼會有人呢？

秦始皇　我哪知道啊！那麼卑劣的東西。

提問者A　你是怎麼創造人的？如果你是神的話，你就告訴我啊！

秦始皇　我是眾神之神啊！

提問者A　神是創造人類的呀！

秦始皇　人類是更下面的神創造的。

提問者A　那麼，是你命令下面的神「去創造人類」的嗎？

秦始皇　啊啊，那是非常下面的神……。

提問者A　是你叫他們創造的？

秦始皇　他們創造了「勞動者」啊！為了服侍神，需要勞動者啊！需要被支配階級啊！

提問者A　啊啊，原來是那樣子的思想啊！

秦始皇　嗯。

提問者A　那麼，你創造了什麼？沒有創造人類，那你創造了什麼？

秦始皇　創造了地球啊！

提問者A　你在說謊！

秦始皇　創造了文明！

提問者A　「不可說謊」，這可是佛陀的教義喔！

秦始皇　創造了世界文明！

提問者B　文明的源流，必定有著宗教啊！

秦始皇　佛陀那種人，別拿我跟那種路邊乞丐相提並論。

提問者B　但是，你絕對沒有創造出白人吧！你應該很怕盎格魯撒克遜人吧？你沒創造出他們吧？

秦始皇　交通不便，我才不知道什麼白人不白人啊！

提問者A　你沒有創造出白人吧？

秦始皇　陽光昏暗，那群人色素不足啊！

提問者A　你沒有創造出白人吧？

秦始皇　什麼？

提問者A　白人。

秦始皇　不，他們也曾經前來朝貢啊！

這次為何秦始皇會出現？

提問者A　為何你來到總裁先生這裡？

秦始皇　什麼？

提問者A　我在那之後所聽到的夢境，也是非常真實的夢，完全是表現出中國的夢。龍攻擊而來……。

秦始皇　現在這個混帳日本還在囂張跋扈，明明無法修正憲法，也無法制定法律，卻在議論著若沒有辦法設置陸基神盾，或許可以考慮先發制人，先攻擊敵方基地。

那些莫名其妙的右翼份子，老是動一張嘴。議論歸議論，倒是有種動手試試看啊！先發動攻擊的，可是我們啊！

嗯，我就是為了說這個而來的。

提問者A　了解了。

6　招喚洞庭湖娘娘之靈

阻止招喚洞庭湖娘娘的秦始皇

提問者A　那麼，今天你能自己回去嗎？

秦始皇　問我能否自己回去……。

提問者A　還是要我招喚洞庭湖娘娘？

秦始皇　她實在太可憐了啊！我不想讓你們看到，你們的朋友洞庭湖娘娘像是貓的屍體一樣，被扯得四分五裂啊！她怎麼還手啊！一隻貓怎麼可能打贏有著十七個頭的巨龍啊！

提問者A　她不是「一隻」。

秦始皇　就是一隻啊！

提問者A　那麼，我就來招喚洞庭湖娘娘。

秦始皇　穿著紅色衣服的大野貓。

提問者A 我要招喚洞庭湖娘娘。

秦始皇 叫她來也沒用。

提問者A （拍手兩次）

秦始皇 啊啊、沒用、沒用、沒用、沒用。呼，在這世間沒人能贏過我。

提問者A 不，你現在也沒在世間。

秦始皇 啊啊，是在地下。

提問者A　洞庭湖娘娘。

秦始皇　再過不久，你們的石垣島就要陷落。

提問者B　自己的國家我們會自己守護。

秦始皇　在死前多吃點紫芋。

提問者B　紫芋很好吃。

秦始皇　真是令人懷念的紫芋和甘蔗田。

突然開始主張起自己功績的秦始皇

提問者A 明明中國的國民當中有很多善良人士，亦有光明天使們誕生於其中，但你卻浸淫於自己的霸權欲、名譽欲、權力欲，沒有人賦予你那種鎮壓那些人們的資格。

秦始皇 我可是神啊！資格是我賦予的！

提問者A 夠了。希望你表現出神的言行之後，再說自己是神。如果沒有愛的話，就不可能是神。

秦始皇 如果是這樣，那妳也沒有愛，妳也不是神啊！妳是小偷啊！

提問者A　如果你有愛去建立阿房宮的話，就請多給人類一點愛。要以愛對待中國國民！

秦始皇　像妳這種吝嗇的女人，怎麼可能撐得起這個世界啊！我說阿房宮，當中可是有妻妾三千人啊！

提問者A　有三千人，你一年能見到她們幾次啊？

秦始皇　什麼？我這種能養三千妻妾的力量，到底是大川隆法的幾倍啊？

提問者A　所以，你不就是因此早死了嗎？

秦始皇 沒有那種事……。

提問者B 你不是被許多人憎恨嗎？

提問者A 又被憎恨、又浪費資源……。

秦始皇 不，妳去試試跟我作相同的事！在中國大陸建立巨大的城牆、蓋運河、消除南北貧富差距、興建美麗的道路，還和西洋通商貿易。日本當時還真的前來朝貢，卑彌呼拿著貢品前來，可是在我之後的事啊！之後日本才出現所謂的「天皇」啊！日本把歷史多灌水了五百年啊！哼。

痛苦地接連喊著「要建立王朝」、「強者得勝」

提問者A　再見。（約五秒的沉默）

提問者B　（笑）他翻著白眼。

提問者A　那麼，洞庭湖娘娘、洞庭湖娘娘，您在嗎？洞庭湖娘娘、要在洞庭湖畔建立愛爾康大靈像的洞庭湖娘娘。

秦始皇　呼！

提問者A　秦始皇還沒有放棄野心。

那張臉變得很奇怪，怎麼了嗎？（笑）

提問者B 看起來很不爽……。

這是從沒看過的不爽的表情。

秦始皇 要建立王朝，我要建立王朝！要建立王朝！

提問者A 王朝無法建立。

秦始皇 我要建立王朝！

提問者A 不可能，放棄吧！

秦始皇　強者得勝！

提問者A　那麼，洞庭湖娘娘將伸出指甲（拍手七次）。

秦始皇　強者得勝！

提問者A　指甲用力抓！

秦始皇　強者將君臨世界！

提問者A　洞庭湖娘娘（拍手三次）。

秦始皇 我要殺了川普，把他撕裂……！

提問者A 洞庭湖娘娘，您的指甲將撕裂鱗片、撕裂鱗片。請為了神明而戰！

第2章　洞庭湖娘娘的靈言

二〇二〇年八月一日
收錄於幸福科學特別說法堂

洞庭湖娘娘

「娘娘」原指「母親」、「貴婦」、「皇后」等意思，根據職責的不同而有各種娘娘。洞庭湖娘娘是中國湖南省北部第二大淡水湖洞庭湖的女神。

〔兩位提問者，分別以A・B標記〕

〈靈言的收錄背景〉

在收錄「秦始皇的靈言」（第二篇第1章）之後，緊接著召請洞庭湖娘娘之靈。

1　不久中國將出現大崩壞

讓中國內亂擴大的洞庭湖娘娘

洞庭湖娘娘　我是洞庭湖娘娘。

提問者A　謝謝您。

提問者B　謝謝您。

洞庭湖娘娘　看來，我得要全部收拾才行。

提問者Ａ　是啊……。

洞庭湖娘娘　真是沒辦法啊！河川氾濫，人民都沒有家了，真是大傷腦筋啊！政治家害怕被譴責，所以就像這樣威脅他國。

提問者Ａ　啊啊。也就是說，就連秦始皇都感受到來自於中國內部的責備之念。

洞庭湖娘娘　現在人們開始討厭起獨裁者了。

提問者A　原來如此。

洞庭湖娘娘　是啊！在香港人們說著「Be water」，也就是「如水一般」。

提問者A　啊啊。

洞庭湖娘娘　所以我們也加以呼應，讓大水出現。

提問者A　原來如此。

洞庭湖娘娘　今後或許會出現旱災，之後又會出現颱風。蝗蟲……，天氣變熱之後蝗蟲就會增加啊！此外，還有人預言會出現地震，中國南方或許還會被海嘯襲擊。

所以說啊，他們還打算侵略台灣呢！中國盤算著在李登輝死後就要威脅台灣，但我不會讓他們得逞。現在我正擴大「內亂」的規模。

「日本的企業、工廠，最好趕快撤出中國」

提問者A　很難得地，今天魯迅也來了這裡（參照本書第一篇）。

洞庭湖娘娘　啊，是啊！那樣子的人必須得出現啊！

提問者A　是。在中國靈界當中，對於現今的獨裁體制、唯物論、無神論有所警戒之人，都紛紛挺身而出。

洞庭湖娘娘　因為那是一個「沒有神的國家」，所以皇帝都自以為自己就是神。獨裁的皇帝自稱自己就是神，就像過去日本的天皇一樣，變成了現人神。泰國的國王也想變成神啊！

如果人民的生活無慮，或許就會保持沉默，但不久之後「崩壞」、「大崩壞」就要發生。中國不久就會要那些至今前來貸款的國家，「全部都給我還錢」！屆時就是「大崩壞」的開始。

還有，中國太小看川普了，川普可沒有那麼容易就被擊垮，他會做該做的。他已經派出艦隊了。美國可以把香港、維吾爾當成理由，隨時都可以進行攻擊。特別是，美國已經凍結那些制定維吾爾政策的中共官員的個人資產。

提問者A　的確，不僅是華為，在美國禁用中國製的手機應用程式「抖音」

時，即便是對政治不感興趣的人們，應該也會察覺到「中國是不是幹了什麼壞事啊」！

洞庭湖娘娘　還有，日本的企業、工廠最好趕快撤出中國。如果不撤出，到時美國導彈攻擊時，全都會變成灰燼啊！

所以，早點撤出會比較好啊！雖然現今在中國的日本人認為「一旦離境之後，要再入境就困難了」，所以盡量不離開中國，但趕緊逃跑會比較好啊！不久中國就要被攻擊了。

提問者Ａ　也就是說，中國有被攻擊的可能。

洞庭湖娘娘　不，是預定會被攻擊。美國會動手。

提問者A　今年之內嗎？

洞庭湖娘娘　不用到年底吧！雖然川普正試著努力延後總統大選日期（笑）。現正遭逢「巨大的危機」，所以他想要延後選舉日程。但是，攻擊的時間點相當迫近喔！所以，可以快點回到日本的人趕快撤離啊！很危險。現在已經不是侵略台灣的時候了，不久他們就得逃跑了。不出三天，中國的主要城市，就會幾乎變成毀滅狀態。中國得知道自己和美國的軍事技術差得有多遠。

不可以輕視美國啊！「既然無法攻擊北韓，美國也不怎麼樣嘛」，中國正瞧不起美國。看到美國對待北韓的方式，中國認為「實在很懦弱啊」。但那個是川普的戰略啊！他根本沒把北韓當作對手啊！因為他認為中國才是主要對手。

2　廣佈於世界的「反中」包圍網

中國歷代指導者之靈，想要阻止散佈「反中思想」的資訊源頭

提問者A　今天出版了《大中華帝國崩壞的序曲》這本書，的確從今年七月中旬之後，出現了眾多至今中國的指導者。

洞庭湖娘娘　是啊！他們都感到很困擾吧？

提問者A　在某種意義上，他們的確感到很困擾。

洞庭湖娘娘　真的是很頭痛啊！所以他們想要前來阻止這個散佈「反中思想」的資訊源頭。

提問者A　原來如此。

洞庭湖娘娘　他們本想要阿諛奉承一下，但實在無法做到那麼低三下四，所以先加以威脅。

提問者A　自尊心很強啊！

洞庭湖娘娘　他們先試著威脅。

然而，他們自稱中國的GDP是日本的兩倍、三倍，但那根本就是扯謊啊！完全不可能嘛！

提問者A　是。

洞庭湖娘娘　嗯，所以中國人根本過不了好生活啊！如果十四億人口，大家平均都過著像是台灣人的生活的話，那麼中國的GDP就真的比日本多。可是根本沒有啊！的確有位居經濟頂端的人，但只有上層而已啊！蓋了一大堆沒用的巨大建築，讓外界以為很有發展，但實情真的很淒慘啊！這次的水患，我看就算過了十年，經濟都沒有辦法恢復。

提問者A　啊啊，已經是那樣啊！

洞庭湖娘娘 真的很慘啊！

提問者A 那麼慘？

洞庭湖娘娘 真的慘。而且，三峽大壩也有潰堤的可能。中國的工業技術靠不住，或許大壩可能沒有辦法再發揮功用。

此外，中國以為自己軍事工業很了不起，但中國自製的航母、潛水艇，美國一顆飛彈，就搞定了吧！就等著看好了。那只是裝樣子威脅而已，性能完全不同。

真的是「因果報應」，把那個過去曾保護自己免受日本攻擊的美國當作敵人，接下來就是換自己遭殃。

不管如何，就算出現所有歷代的皇帝、主席，也都完全不是洞庭湖娘娘的對手。

不只有揚子江啊！還有黃河啊！

提問者A　嗯。

洞庭湖娘娘　也可以讓黃河氾濫啊！到了冬天，還有其他的「攻擊道具」。好比，也可以「用大雪完全覆滅」。所以說啊！我會讓人們度過像是悲慘的維吾爾人一樣的生活。

現今亞洲各國、歐美都變得「反中」

洞庭湖娘娘 中國在上海那種地方，蓋了一大堆高樓大廈，好像在向全世界宣傳自己有多麼發展，但要是被導彈攻擊，一下子就垮了。我想美國會想要擊倒那全世界的敵人吧！碰碰碰碰碰碰地發射。

提問者A 川普會動手嗎？

洞庭湖娘娘 希望他能有所行動。為了維持美國的地位，必須得行動。如果是日本動手的話，那也蠻有趣的。啊哈哈哈哈（笑）。

提問者B 現今日本似乎無法動手。

提問者A　總裁先生夢境當中的日本，就是現實當中的樣子。即便國家被攻擊了，都還不知道去擊倒對方到底是不是正確的事。

洞庭湖娘娘　台灣的李登輝身故之後，中國一定不會說什麼好話，絕對會講一些惡毒的話語。好比「反叛之人終於死了」、「終於得到了天懲」，說這些讓人感到憤怒的話語。

現在亞洲各國都「反中」啊！歐洲也是「反中」，美國也是。美國都出現了幾百萬人的感染者，難道中國天真地以為，只要美國總統向人民道歉、下台就什麼事都沒有了嗎？我看巴西也是想要向中國宣戰了吧！

真的是最好有十個國家派出艦隊去包圍中國啊！受害的國家，都應該要派出軍隊啊！

「就算建造了萬里長城，但若是內部發生了動亂，城牆也是完全無用」

洞庭湖娘娘 現在已出現「內亂的氣氛」，再過不久就會擴散到各地，因為有人知道真實狀況。

提問者A 明白了。

洞庭湖娘娘 惡人無法再囂張跋扈了。

提問者A 是。

洞庭湖娘娘　你們也作了「不錯的工作」。你們到了那些被中國覬覦的國家傳道，接連地改變情勢。

提問者A　還去了德國。

洞庭湖娘娘　還有加拿大。

提問者A　台灣也是。

洞庭湖娘娘　澳洲也是。還有菲律賓，也稍微得到了一點力氣。台灣的勇氣也變得增加了百倍啊！

提問者Ａ　總裁先生曾說今年「必須得去英國和美國」，但聽您方才所說，剛好中國也完全瞄準那兩個國家啊！

洞庭湖娘娘　是想要攻擊吧！

提問者Ａ　對，他們想要摧毀那兩個國家。

洞庭湖娘娘　不過啊！這可沒得到允許啊！他們（英國、美國）終究是世界的領導者啊！

提問者Ａ　是。

洞庭湖娘娘　所以說，那是絕對不被允許的。如果中國內部出現呼應的勢力，出現「歡迎外國勢力，顛覆中共政權」的聲音的話，中國將一下子就變弱。就算建造了萬里長城，但若是內部發生了動亂，城牆也是完全無用。

提問者A　知道了。

「想在洞庭湖畔建造愛爾康大靈像」

提問者A　當天意展現於中國國內的時間，我們也會努力讓日本變成有骨氣的國家……。

洞庭湖娘娘　啊啊，我想在洞庭湖畔建造愛爾康大靈像。

提問者A　太棒了。

洞庭湖娘娘　並且希望日本的觀光客來此參拜。

提問者A　是啊！

洞庭湖娘娘　洞庭湖娘娘曾與歷代成為惡魔的皇帝對戰，對此請務必有所認識。

提問者A　是。

洞庭湖娘娘　日本的各位，愛爾康大靈的第一千一百次公開講述的靈言，就在洞庭湖娘娘的話語中完成了。

提問者A　真的耶（笑）！

洞庭湖娘娘　萬歲！

提問者B　謝謝您。

提問者A　謝謝您。

洞庭湖娘娘　好、好。

提問者A・B　（拍手）

提問者B　大川隆法總裁先生，感謝您今天賜予第一千一百次的靈言。

大川隆法　好。

提問者A　謝謝您。

後記

本書出版的意義在於告訴人們，在中國內部當中的魯迅和洞庭湖娘娘等等，正譴責著北京政府。很明顯地，現今北京政府霸權主義的背後，存在著地獄的帝王秦始皇。讓漫畫、電影《王者天下》風行的日本人，應該無法明辨專制君主的恐怖獨裁吧！

現在香港、台灣正處於相當緊張的情勢，而且美國與中國的對立關係不斷高漲。為了讓民主黨的拜登獲勝，中國假裝沒事一樣，介入著美國總統選舉。

但願日本的政治家和媒體人能夠察覺何為神的正義。並且，但願他們能讓日本足以成為世界的領導者。

二〇二〇年八月十一日

幸福科學集團創立者兼總裁　大川隆法

HAPPY SCIENCE

幸福科學集團介紹

幸福科學透過宗教、教育、政治、出版等活動，以實現地球烏托邦為目標。

幸福科學

一九八六年立宗。信仰的對象為地球靈團至高神「愛爾康大靈」。幸福科學信徒廣布於全世界一百多個國家，為實現「拯救全人類」之尊貴使命，實踐著「愛」、「覺悟」、「建設烏托邦」之教義，奮力傳道。

愛

幸福科學所稱之「愛」是指「施愛」。這與佛教的慈悲、佈施的精神相同。信眾透過傳遞佛法真理，為了讓更多的人們能度過幸福人生，努力推動著各種傳道活動。

覺悟

所謂「覺悟」，即是知道自己是佛子。藉由學習佛法真理、精神統一、磨練己心，在獲得智慧解決煩惱的同時，以達到天使、菩薩的境界為目標，齊備能拯救更多人們的力量。

建設烏托邦

我們人類帶著於世間建設理想世界之尊貴使命，而轉生於世間。為了止惡揚善，信眾積極參與著各種弘法活動。

入會介紹

在幸福科學當中，以大川隆法總裁所述說之佛法真理為基礎，學習並實踐著「如何才能變得幸福、如何才能讓他人幸福」。

入會

想試著學習佛法真理的朋友

若是相信並想要學習大川隆法總裁的教義之人，皆可成為幸福科學的會員。入會者可領受《入會版「正心法語」》。

三皈依誓願

想要加深信仰的朋友

想要做為佛弟子加深信仰之人，可在幸福科學各地支部接受皈依佛、法、僧三寶之「三皈依誓願儀式」。三皈依誓願者可領受《佛說・正心法語》、《祈願文①》、《祈願文②》、《向愛爾康大靈的祈禱》。

幸福科學於各地支部、據點每週皆舉行各種法話學習會、佛法真理講座、經典讀書會等活動，歡迎各地朋友前來參加，亦歡迎前來心靈諮詢。

台北支部精舍
台北市松山區敦化北路 155 巷 89 號

幸福科學台灣代表處
台北市松山區敦化北路 155 巷 89 號
02-2719-9377
taiwan@happy-science.org
FB：幸福科學台灣

幸福科學馬來西亞代表處
No 22A, Block 2, Jalil Link Jalan Jalil Jaya 2, Bukit Jalil 57000, Kuala Lumpur, Malaysia
+60-3-8998-7877
malaysia@happy-science.org
FB：Happy Science Malaysia

幸福科學新加坡代表處
477 Sims Avenue, #01-01, Singapore 387549
+65-6837-0777
singapore@happy-science.org
FB：Happy Science Singapore

魯迅的心願 讓中國自由

魯迅的靈言

公開霊言　魯迅の願い　中国に自由を

作　　者／大川隆法
翻　　譯／幸福科學經典翻譯小組
主　　編／簡孟羽、洪季楨
封面設計／Lee
內文設計／黛安娜

出版發行／台灣幸福科學出版有限公司
104-029 台北市中山區中山北路三段 49 號 7 樓之 4
電話／ 02-2586-3390　傳真／ 02-2595-4250
信箱／ info@irhpress.tw
法律顧問：第一法律事務所　余淑杏律師

總 經 銷／旭昇圖書有限公司
235-026 新北市中和區中山路二段 352 號 2 樓
電話／ 02-2245-1480　傳真／ 02-2245-1479

幸福科學華語圈各國聯絡處／
台　　灣　taiwan@happy-science.org
地址：台北市松山區敦化北路 155 巷 89 號（台灣代表處）
電話：02-2719-9377
官網：http://www.happysciencetw.org/zh-han
香　　港　hongkong@happy-science.org
新 加 坡　singapore@happy-science.org
馬來西亞　malaysia@happy-science.org
泰　　國　bangkok@happy-science.org
澳大利亞　sydney@happy-science.org

書　　號／978-986-99342-6-8
初　　版／2020 年 11 月初版一刷
定　　價／350 元

國家圖書館出版品預行編目（CIP）資料

魯迅的心願 讓中國自由：魯迅的靈言／大川隆法作；幸福科學經典翻譯小組翻譯. -- 初版. -- 臺北市：台灣幸福科學出版，2020.11
272 面；14.8×21 公分
譯自：公開霊言　魯迅の願い　中国に自由を
ISBN 978-986-99342-6-8（平裝）
1. 新興宗教　2. 靈修
226.8　　109016669

廣	告	回	信
台北郵局登記證			
台北廣字第5433號			
平			信

IRH Press Taiwan Co., Ltd.
台灣幸福科學出版有限公司

104-029 台北市中山區中山北路三段49號7樓之4
台灣幸福科學出版　編輯部　收

請沿此線撕下對折後寄回或傳真，謝謝您寶貴的意見！

魯迅的靈言

魯迅的心願
讓中國自由

大川隆法
Ryuho Okawa

台灣幸福科學出版有限公司

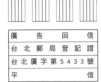

魯迅的心願　讓中國自由
讀者專用回函

非常感謝您購買《魯迅的心願　讓中國自由》一書，
敬請回答下列問題，我們將不定期舉辦抽獎，
中獎者將致贈本公司出版的書籍刊物等禮物！

讀者個人資料　　**※本個資僅供公司內部讀者資料建檔使用，敬請放心。**

1. 姓名：　　　　　　　　　　性別：□男　□女
2. 出生年月日：西元　　　　年　　　　月　　　　日
3. 聯絡電話：
4. 電子信箱：
5. 通訊地址：□□□-□□
6. 學歷：□國小 □國中 □高中／職 □五專 □二／四技 □大學 □研究所 □其他
7. 職業：□學生 □軍 □公 □教 □工 □商 □自由業□資訊 □服務 □傳播 □出版 □金融 □其他
8. 您所購書的地點及店名：
9. 是否願意收到新書資訊：□願意　□不願意

購書資訊：

1. 您從何處得知本書的訊息：（可複選）□網路書店　□逛書局時看到新書　□雜誌介紹
   □廣告宣傳　□親友推薦　□幸福科學的其他出版品　□其他

2. 購買本書的原因：（可複選）□喜歡本書的主題　□喜歡封面及簡介　□廣告宣傳
   □親友推薦　□是作者的忠實讀者　□其他

3. 本書售價：□很貴　□合理　□便宜　□其他

4. 本書內容：□豐富　□普通　□還需加強　□其他

5. 對本書的建議及觀後感

6. 您對本公司的期望、建議…等等，都請寫下來。

IRH Press Taiwan Co., Ltd.
台灣幸福科學出版有限公司